PETER MT. SHASTA

IN TIBET

AUF DER SUCHE NACH DEM GEHEIMNISVOLLEN WUNSCHERFÜLLENDEN JUWEL

Aus dem Amerikanischen
von
Reinhold Köglmeier

Bibliografische Information der Deutschen Nationalbibliothek:
Die Deutsche Nationalbibliothek verzeichnet diese Publikation in der
Deutschen Nationalbibliografie; detaillierte bibliografische Daten sind im
Internet über http://dnb.dnb.de abrufbar.

2. überarbeitete Auflage

petermtshasta@gmail.com
www.PeterMtShasta.com

Titel der Amerikanischen Originalausgabe:
My Search in Tibet for the Secret Wish-Fulfilling Jewel.
Übersetzung: Reinhold Köglmeier
Lektorat, Korrektorat: Susanne Meyer
Umschlaggestaltung: Susanne Meyer
Umschlagfoto: Nicholas Roerich, mit freundlicher Genehmigung des
Roerich Museums, New York
Umschlagfoto, Rückseite: Peter Mt. Shasta

Printed in Germany
Herstellung und Verlag:
BoD – Books on Demand, Norderstedt

ISBN: 9783744800723

DANK

Ich möchte Yemana Sanders danken für ihre Einsichten und die stetige Ermunterung während der Entstehung dieses Buches. Mein Dank gilt auch Susanne Meyer für ihren editorischen Beitrag, das Lektorat und die grafische Gestaltung, sowie Reinhold Köglmeier für die Übersetzung ins Deutsche.

INHALTSVERZEICHNIS

ABBILDUNGEN

VORWORT

Einen Teil des Alten Wissens habe ich der westlichen Welt in den 1930er-Jahren durch Guy Ballard vorgestellt, der unter dem Namen Godfre Ray King schrieb. Da dies im Westen eine Zeit der wirtschaftlichen und moralischen Krise war, bekannt als die Große Depression, erhoffte man sich auf Seiten der Meister, und so auch ich selbst, dass diese Lehren über die innere Gott-Gegenwart den Individuen helfen würde, sich aus ihrer Opferrolle zu erheben und sie zur Fähigkeit zu ermächtigen, ihre Beziehung zum Leben zu ändern. Diese Lehren waren nicht als endgültige Lehren auf dem spirituellen Pfad gedacht, sondern als erster Teil einer schrittweisen Offenbarung alter Weisheit an den Westen, welche im Osten seit Langem bekannt war.

Ich wünsche, dass nun weitere Lehren offenbart werden, ohne die religiösen und kulturellen Vorstellungen, die in Indien, Tibet und China damit verbunden sind, deshalb inspiriere ich Peter Mt. Shasta, einige dieser Lehren hier zu offenbaren. Bitte behalten Sie im Gedächtnis, dass Worte nie die höchste Wahrheit übermitteln können, sondern diese nur im Inneren erfahren werden kann.

– Saint Germain

4. Juli 2016

Jade Lake, East Meredith, N Y

ANMERKUNG

Dieses Buch beruht auf meinen persönlichen Reisen in den Osten, besonders nach Tibet und Dharamsala in Indien. Gewisse zeitliche Abfolgen wurden komprimiert, um profane Ereignisse auszulassen. Die Namen wurden zum Schutz der Privatsphäre geändert.

Viele Jahre sind vergangen, seit den Erlebnissen, über die hier geschrieben wird, und obwohl ich mich bemüht habe, alles, was ich gelernt habe, in meine nachfolgenden Bücher und Vorträge einfließen zu lassen, habe ich es erst jetzt unternommen, diesen gesonderten Bericht dieser ungewöhnlichen Reise zu schreiben. Der Anstoß zum Schreiben kam während eines Retreats in einer Hütte in den Bergen im Norden von New York, als Saint Germain mich daran erinnerte, dass ich versprochen hatte, dies zu vollenden.

Chintamani Mahakala offenbart Geheimnisse buddhistischer Alchemie: Echter Reichtum wird erlangt durch Freigiebigkeit.... Indem wir alles verschenken, was wir erreichen – geistig, spirituell, materiell – werden wir neu geboren in das Buddha-Gebiet riesigen Überflusses, frei von Habgier und Angst.... Die Ausströmungen aus den tiefsten Dimensionen des Geistes mögen zuerst erschreckend erscheinen, aber indem sie als unerforschte Bereiche der Psyche erkannt werden, bieten sie vollständige Befreiung von unserer Versklavung durch emotionale und materielle Anhaftungen..."

– Ian A. Baker, *Celestial Gallery*, Callaway, 2000.

KAPITEL 1

RUF NACH TIBET

Einer meiner Vorfahren war der erste Westler, der Tibet betrat, so ähnlich erzählte es meine Großmutter. Ihr Großvater war in dieses legendäre Königreich gereist, nachdem er das Sterben und Leiden im Bürgerkrieg gesehen hatte – höchst wahrscheinlich, um Zuflucht vor dem herrschenden Chaos zu suchen.[1] Diese Geschichte machte auf mich als Kind einen solchen Eindruck, dass ich mir wünschte, eines Tages zu diesem friedlichen Ort reisen zu können, der damals als das Dach der Welt bekannt war. Hatte seine Suche nach Wahrheit im neunzehnten Jahrhundert sich in das Schicksal unserer Familie eingeprägt und so meine eigene Zukunft gestaltet?

Bei meiner ersten Reise nach Indien 1971 wurde dieser Wunsch beinahe erfüllt. Als ich in den Bergen nahe der Grenze zu Tibet umherwanderte, traf ich auf dem Wanderweg einen amerikanischen Landsmann, der von einem magischen wunscherfüllenden Juwel sprach, den es in Tibet gab. Diesem wurde nachgesagt, dass er physische und emotionale Probleme heile, aber vor allem die Erfüllung von Wünschen gewähre. Ich dachte daran, über den Pass in dieses verbotene Land zu wandern, um diesen Juwel zu suchen, aber als ich erfuhr, dass die Kommunisten auf jeden schossen, den sie auf dem Pass vorfanden, verschob ich meine Suche.

Ich kehrte heim nach New York und fuhr in Richtung Westen nach Kalifornien, aber während ich mich bei einem Freund in Berkeley aufhielt, stellte ich fest, dass mich das Streben nach Sinnesfreuden und der Erwerb materieller Dinge nicht mehr interessierten. Ich sehnte mich nach den höheren Welten, die ich in der Meditation im Himalaya erlebt hatte. Ich dachte an den Yogi, bei dem ich in den Kumon Hills gewohnt hatte, der sich unter der Anleitung des

---

[1]   Vermutlich betraten auch andere Westler im 19. Jahrhundert Tibet.

großen Babaji darauf vorbereitet hatte, seinen Körper zu verlassen. Ich sehnte mich danach, das Gleiche zu tun.

An einem frühen Morgen fuhr ich über die Golden Gate Bridge nach Muir Woods, wo ich hoffte, mein irdisches Leben zu beenden; aber in diesem Augenblick erschien der Meister, der als Saint Germain bekannt ist, und materialisierte sich aus dem Nichts in die physische Form. Er bot Befreiung an, aber nachdem er mir die Augen für das Leiden der Welt geöffnet hatte, empfand ich ein solches Mitgefühl, dass ich nicht mehr fort wollte. Da ich es vorgezogen hatte zu bleiben, sagte er, er werde mich nach Mount Shasta zur Ausbildung schicken, die es mir ermöglichen werde, ihm bei seiner Arbeit für die Menschheit zu helfen. Dort wurde ich von Pearl Dorris, einer früheren Assistentin von Godfre Ray King, darin ausgebildet, wie man die ICH BIN Gegenwart kontaktiert und deren göttliche Kraft im alltäglichen Leben anruft (Lesen Sie den vollständigen Bericht in meiner Autobiografie, *Abenteuer eines Westlichen Mystikers, Bd.2, Im Dienst der Meister*).[2]

Als Teil meiner Ausbildung und meines Dienstes wurde ich anschließend zum Titicaca-See, zur Großen Pyramide und zurück nach Indien geschickt, um Sathya Sai Baba zu besuchen. Inzwischen hatte ich meine Finanzen aufgebraucht und wohnte in einem kleinen Appartement in Mount Shasta. Das folgende Abenteuer begann 1997.

---

[2]   Godfre Ray King, bürgerlich Guy Ballard, Autor von *Enthüllte Geheimnisse, Die Magische Gegenwart* und der *ICH BIN Diskurse;* er ist auch der Gründer der Saint Germain Foundation.
    Meine Biografie über Pearl hat den Titel, *Lady Master Pearl, My Teacher,* Church of the Seven Rays, 2015. Dt.: *Lady Master Pearl. In Erinnerung an meine Lehrerin Pearl Dorris*, BoD, 2016.

Der Sechzehnte Karmapa

An einem frühen Morgen meditierte ich gerade, als zu meiner Überraschung der Sechzehnte Karmapa über mir erschien. Er hatte seinen physischen Körper vor dreizehn Jahren verlassen, doch war nun seine Strahlung unverkennbar und hob mein Bewusstsein an.[3]

Da ich zu diesem Wesen nie gebetet hatte, war ich über sein plötzliches Erscheinen überrascht, und ich war noch mehr überrascht, als er sagte,

„Ich möchte, dass Du nach Tibet gehst."

„Wie bitte?", gab ich zurück und dachte, dass ich mir das möglicherweise einbildete.

„Geh nach Tibet", wiederholte er.

„Warum?", fragte ich, eine Frage, die die Meister selten beantworten, wie ich inzwischen herausgefunden habe.

„Besuche den neuen Karmapa."

Da ich mich jetzt mit dem Karmapa unterhielt, verstand ich nicht, warum ich um die halbe Welt reisen sollte, um seine neue Form zu besuchen.

„Ist das alles?", fragte ich.

„Und suche auch das, was du dir seit langem gewünscht hast", sagte er nach einer kurzen Pause.

„Was ist das?"

„Das Kostbare wunscherfüllende Juwel."

„Aber ich habe nicht genug Geld, um nach Tibet zu reisen."

Er lachte und verschwand.

Ich hatte im Laufe der Jahre die Erfahrung gemacht, dass die Meister mich regelmäßig dazu nötigten, auch den letzten Cent auszugeben, deshalb hatte ich irgendwann begonnen, immer, wenn es mir möglich war, ein bisschen Geld zurückzubehalten und es in

---

[3] Der Sechzehnte Karmapa, Rangjung Rigpe Dorje wurde von den Tibetern als ein lebender Buddha angesehen. Er verließ seinen Körper 1981, dreizehn Jahre vor dieser Erscheinung.

einer verborgenen Tasche in meinem Koffer zu verstecken, in der Hoffnung, die Meister würden es nicht bemerken. Sollte ich jetzt darauf zurückgreifen? Ich hatte inzwischen gelernt, dass scheinbare Hinderungsgründe wie fehlendes Geld, den Großen wenig bedeuten; wenn sie einen etwas tun lassen wollen, öffnen sich Wege und die Mittel werden bereitgestellt. Trotzdem war es mir angenehm, wenigstens die Illusion von finanzieller Sicherheit zu fühlen.

Soll ich wirklich nach Tibet reisen, oder ist das eine weitere Prüfung, fragte ich mich? Ich meditierte über mein Höheres Selbst, die ICH BIN Gegenwart, und sandte auch telepathisch eine Botschaft um Bestätigung an meinen Mentor, den Meister Saint Germain. Ich schwor mir, dass ich nur dann reisen würde, wenn ich eine persönliche Einladung vom Dalai Lama bekäme. Da ich mir sicher war, dass er meine Telefonnummer nicht hatte, erschien eine Einladung von ihm wenig wahrscheinlich.

Ich beschloss, Affirmationen zu sprechen, um mein Denken zu klären und die Intention zu erzeugen, Führung zu erhalten. Ich hatte entdeckt, dass die Worte, die der Aussage ICH BIN nachfolgen, die Quelle anrufen und jemandes Bewusstsein verändern, aber nur, wenn man sie in Stille und in der Einheit mit der Quelle wiederholt. Andernfalls wird das Wiederholen von Affirmationen einfach nur das Ego und den persönlichen Willen stärken.

Ich affirmierte,

*ICH BIN frei von allen falschen Gedanken und Begierden,
und ICH BIN erfüllt mit dem Wunsch, nur das zu tun,
was mit dem Göttlichen Plan übereinstimmt.*

Am nächsten Tag begann ich, Reiseoptionen zu erkunden. Um nach Tibet zu gelangen, war gute Planung und ein beträchtlicher Geldbetrag erforderlich. Es war die Anfangszeit des Internet und ich hatte nur eine langsame Einwahlverbindung. Ich verschickte einige Informationsanfragen an Reisebüros und erhielt einige E-Mails, aber keine Einladung vom Dalai Lama.

Einige Tage später jedoch läutete das Telefon und ich war überrascht, als ich ein Mädchen fragen hörte, „Bin ich mit Peter verbunden?"

„Ja."

„Wie ich gehört habe, wollen Sie nach Tibet reisen?"

„Wie haben Sie das erfahren?"

„Jemand hat mir Ihre E-Mail weitergeleitet."

„Ich spiele mit dem Gedanken, nach Tibet zu reisen, aber nur dann, wenn ich vom Dalai Lama eingeladen werde."

„Der Dalai Lama ist zufällig mein Onkel, und ich lade Sie ein. Reicht das?"

„Wie bitte? Der Dalai Lama ist Ihr Onkel?"

„Ja, mein Vater ist der Bruder Seiner Heiligkeit. Er kam vor langer Zeit in die USA und ich bin seine Tochter. Ich arbeite für ein Reisebüro in Colorado.

Ich war schockiert. „Nun, ich bin mir aber nicht sicher, ob ich mir die Reise leisten kann. Was kostet sie?"

Der Preis, den sie nannte, entsprach auf den Dollar genau dem Betrag, den ich in meinem Geheimfach versteckt hatte. Ich murmelte, dass ich es mir überlegen würde.

In dieser Nacht stand ich auf, um zur Toilette zu gehen, und als ich das Licht anknipste, stand der leibhaftige Dalai Lama vor mir. Noch ehe ich irgendetwas sagen konnte, sagte er, „Ich habe etwas zu tun für dich."

„Was ist das?", platzte ich heraus, immer noch im Schock, aber er war schon fort. Obwohl ich wusste, dass er mich in seinem ätherischen Körper besucht hatte, war seine Form so deutlich wie der physische Körper. Ich blieb stundenlang wach und fragte mich, warum er mir erschienen war und was er mich tun lassen wollte. Ich meditierte über die Affirmation:

ICH BIN die Erleuchtende, Offenbarende Gegenwart, die mir zeigt, was ich wissen soll und was ich tun soll.

Am Morgen hatte ich noch keine direkte Nachricht erhalten. Wann immer ich Hilfe brauchte, betete ich nie zu Wesen auf der physischen Ebene, sondern zu den Aufgestiegenen Meistern, denn ich wusste, solange jemand noch menschlich ist, besteht die Möglichkeit des Irrtums. Also wer waren diese Tibeter, die mir nun erschienen, und sollte ich ihren Bitten entsprechen? Erst erschien der Karmapa und nun der Dalai Lama? Ich wusste, dass Saint Germain diesen Kontakt nicht zulassen würde, wenn er nicht Teil eines Planes war, aber von welchem Plan? War es vielleicht eine Prüfung? Obwohl es keine mündliche Botschaft gab, verspürte ich den Drang, die Nichte des Dalai Lama zurückzurufen und die von ihr angebotene Reservierung anzunehmen. Als ich ihr sagte, dass mir ihr Onkel während der Nacht erschienen war und eine Bitte vorbrachte, lachte sie und sagte, „Ich glaube, er brauchte Ihre Telefonnummer nicht."

Nachdem ich aufgelegt hatte, ging ich im Zimmer auf und ab. Schließlich sollte ich mir meinen Kindheitswunsch erfüllen! Ich fragte mich, was der Dalai Lama wollte, und ob es zum wunscherfüllenden Juwel führen würde?

Ich sollte in zwei Wochen abreisen und begann, warme Kleidung zu besorgen, die ich brauchen würde. Dann hatte ich in einer Nacht ein furchterregendes Erlebnis, das mir Angst davor machte, nach Tibet zu reisen. Ich wachte durch eine unheilvolle Gegenwart im Zimmer auf, und als ich aufschaute, sah ich ein dämonisches Wesen. Aus seinem offenen Maul ragten Fangzähne hervor, und auf seinem Kopf trug es eine Krone aus fünf menschlichen Schädeln. Es rief, „Ich werde dich niemals nach Tibet hineinlassen", und verschwand.

Aus Angst davor, mich wieder schlafen zu legen, setzte ich mich auf und fragte mich, ob es zu spät sei, die Reise zu stornieren und eine Rückerstattung zu bekommen. Ich hatte Geschichten über Dämonen gelesen, die in Tibet gelebt hatten, und hatte kein Verlangen, besetzt zu werden. Der indische *Mahasiddha* Padmasambhava, der den tantrischen Buddhismus im achten Jahrhundert nach Tibet brachte, hatte diese Wesen angeblich unterworfen und sie gezwungen, als Schützer des Buddha Dharma zu dienen.[4] Es sah jedoch danach aus, dass einer von ihnen entkommen war.

Bevor ich in der nächsten Nacht zu Bett ging, betete ich um Schutz und hüllte mich in den Kristallmantel von Mighty Victory, dem Mächtigen Siegreichen.[5] Mit großer Bestimmtheit sagte ich,

ICH BIN unbesiegbar geschützt durch den Kristallmantel von Mighty Victory.

---

[4]   *Mahasiddha* (Meister), jemand, der große Vollkommenheit und Macht erlangt hat. Es gibt unterschiedliche Grade der Meisterschaft; in diesem Text verwende ich allgemein den Ausdruck Meister in Bezug auf die Aufgestiegenen Meister, die nicht mehr auf der physischen Ebene verweilen. Aufstieg wird im Tibetischen *Jalus* genannt, das Erlangen des Regenbogen-Körpers.

[5]   Der Kristallmantel von Mighty Victory ist eine Visualisation, die als tantrische Übung verwendet werden kann. Man begibt sich zuerst in einen Zustand meditativer Versenkung und visualisiert dann das Wesen, das als Mighty Victory bekannt ist, ein Wesen, das niemals eine Niederlage erlebt hat, gekleidet in einen Mantel aus Kristall. Dieses Wesen löst sich dann in Licht auf und fließt mit einem selbst zusammen. Man ist dann mit dem Kristallmantel bekleidet und unbesiegbar geschützt.

Ich rufe Erzengel Michael, Saint Germain und alle anderen
Aufgestiegenen Meister, mich zu allen Zeiten zu beschützen,
mit der Kraft Gottes, Die ICH BIN!

Das Licht Gottes Versagt Nie, Das Licht Gottes Versagt
Nie, das Licht Gottes Versagt Nie, und ICH BIN Dieses
Licht!

Wenngleich ich wusste, dass die Meister nie zulassen würden, dass einem ihrer Schüler größeres Unglück geschieht, so wusste ich auch, dass es meine Aufgabe war, die Angst aufzulösen. Schließlich schlief ich ein, aber während der Nacht wurde ich wieder durch jemanden im Zimmer geweckt. Diesmal war die Gegenwart freundlich, es war die einer Frau, die ich jahrelang gekannt hatte, die aber vor sechs Monaten gestorben war. Obwohl sie erst in ihren Fünfzigern war und bei fast vollkommener Gesundheit, brach sie eines Tages zusammen, als sie durchs Zimmer ging. Sie war eine langjährige Schülerin der Meister gewesen und ich hatte die Meister gebeten, sie von all ihrem Karma zu reinigen und sie in den Aufgestiegenen Zustand zu erhöhen. Sie war eine kraftvolle Frau gewesen mit einem starken inneren Licht, und nun sprach sie sogar mit noch mehr Kraft, „Dieses Wesen wird dich nicht wieder belästigen." Damit verschwand sie.

Nach drei Tagen des Reisens mit mehreren Flügen und einer Zwischenlandung in Bangkok, kam ich schließlich erschöpft in Katmandu an. Ich hoffte, dass ein Beauftragter des Hotels, bei dem der Reiseveranstalter eine Reservierung gebucht hatte, mich begrüßen würde, aber als ich im Meer der Gesichter und hochgehaltenen Schilder der verschiedenen Hotel-Pendelbusse und Reiseveranstalter Ausschau hielt, konnte ich kein Willkommensschild sehen. Bei der Gepäckausgabe stand ich eine halbe Stunde lang und starrte auf das

Transportband, bis mir klar wurde, dass meine Reisetasche nicht angekommen war. Der Sack voller warmer Kleidung und weiterem Reisebedarf für die Höhenanpassung befand sich wahrscheinlich auf einem Gepäck-Karussell in einem der Flughäfen zwischen Seattle und Bangkok. Ich sprach einen Flughafen-Bediensteten an, der verdrießlich aufschaute und mich bat, ein Formular auszufüllen.

„Machen Sie sich keine Sorgen, er wird beim nächsten Flug dabei sein", sagte er.

„Wann ist der?"

„Morgen um dieselbe Zeit."

„Aber ich fliege morgen Vormittag nach Lhasa", stammelte ich.

„Das ist Pech; vielleicht ist er da, wenn Sie zurückkommen."

Ich schwang meinen Rucksack über die Schulter und wankte nach draußen in die feuchte Hitze. In dem Augenblick, als ich den Gehsteig erreichte, wurde ich von mehreren Jungen bedrängt, jeder zerrte mich in eine andere Richtung und sie riefen die Namen konkurrierender Unternehmen, „Snowlands Hotel? Trek Tours? Snowlion Tours?"

„Nein. Shambhala!", rief ich und verteidigte meinen Rucksack, aber es half nichts. Einer von ihnen riss ihn an sich und lief durch die Menge davon. Als ich ihn einholte, stand er neben einem jungen Mann mit einem weißen T-Shirt und einer schwarzen Sonnenbrille, der sich gegen ein Motorrad lehnte, in einer Art, die an den jungen Marlon Brando erinnerte.

„Shambhala?", fragte ich und schaute umher nach Flughafenpolizei und fragte mich, ob ich kämpfen müsste, um meinen Rucksack wiederzubekommen.

„Sicher, Mann", nickte er.

„Gut, wo ist das Auto?"

„Kein Auto, Bike", sagte er und nickte zum Motorrad, an dem er lehnte. „Spring auf", sagte er und zeigte auf den leeren Platz hinter ihm.

Ich schwang meinen Rucksack über die Schulter und wir schlingerten aus dem Flughafen. Während wir durch die engen Straßen schwirrten, ragten meine langen Beine und die Knie hervor, knapp vorbei an Ziegen und Straßenverkäufern. Ich sandte eine Affirmation nach oben zu meinem geliebten Mentor,

Saint Germain, übernimm die Führung über diesen Fahrer und bring mich sicher zum Hotel!

Wie durch ein Wunder kamen wir nach einigen Minuten beim Hotel Shambhala an. Es war nicht gerade das Shangri-La aus *Lost Horizon,* Der verlorene Horizont, aber das Zimmer war sauber.[6] Ich duschte und ging dann durch den hinteren Ausgang in den Blumengarten. Als ich an einer Mango-Lassi nippte, bemerkte ich eine stämmige amerikanische Frau mittleren Alters, die an einem Tisch in der Nähe saß, und die gelegentlich in meine Richtung schaute.

„Sie sind wohl Peter?", fragte sie, stellte sich als Betty vor und sagte mir, dass unser Führer, Steve, ihr gesagt habe, sie solle nach einem großen Amerikaner Ausschau halten. Er wäre am Morgen da, um uns zum Flughafen zu bringen. Sie sagte, sie sei eine Sonntagslehrerin aus Bridgehampton in New York. Da ihr Gatte Reisen

---

[6]   *Lost Horizon,* ein Roman von James Hilton, aus dem Jahr 1933, über ein Paradies in einem abgelegenen Tal in Tibet. Der Autor soll angeblich teilweise von einem Besuch im Gebiet von Mount Shasta inspiriert worden sein. Shambhala ist ein legendäres utopisches Königreich, von dem sich die Tibeter erzählen, dass es im Himalaya oder innerhalb der Erde existiere. Trungpa Rinpoche sprach über Shambhala als einem Daseinszustand, den wir durch unser Bewusstsein im Alltagsleben erschaffen.

nicht mochte, machte sie jedes Jahr alleine Urlaub. Vergangenes Jahr war sie mit dem Club Med in der Karibik. Dieses Jahre wollte sie etwas Exotischeres. Sie schien sich selbst in diesem semiluxuriösen Hotel nicht wohl zu fühlen, und ich fragte mich, wie es ihr in der Wildheit Tibets ergehen würde.

„Was brachte Sie hierher?", fragte sie.

Ich zögerte, etwas zu weit Hergeholtes zu sagen, aber da wir zusammen reisen sollten, dachte ich, sie könne genauso gut sogleich wissen, wer ich war, also platzte ich heraus, „Ein tibetischer Lama erschien mir ätherisch und sagte mir, ich solle hier seine neue Inkarnation besuchen."

Ihr panischer Gesichtsausdruck gab mir zu verstehen, dass ich wohl weder die Anweisung, ein wunscherfüllendes Juwel zu suchen, noch das Erscheinen des Dalai Lama erwähnen sollte. Sie hat sich bestimmt gefragt, ob es sicher war, mit mir zu reisen; aber als ich ihr erzählte, dass mein Gepäck verloren gegangen war und ich bis zum Morgen einige Kleidung haben musste, bot sie mir an, mir das Einkaufsviertel weiter unten an der Straße zu zeigen.

Da wir ausgehungert waren und die Sonne unterging, beschlossen wir, erst etwas zu essen. In einem kleinen Restaurant in einer Seitenstraße reichte uns die Bedienung die Speisekarten. In diesem Moment gingen die Lichter aus und wir waren in Dunkelheit gehüllt. Als die Bedienung kam, um unsere Bestellung aufzunehmen, zeigte ich einfach blind auf die Speisekarte und betete, dass ich etwas Genießbares bekommen würde. Es wurden einige Kerzen angezündet, aber als unser Essen kam, konnte ich immer noch nicht sehen, was auf dem Teller lag. Es gab kein Besteck, also aßen wir mit den Fingern. Ich erinnerte mich an eine Geschichte, die ich von jemandem gehört hatte, der Nepal besucht hatte und der an einem riesigen Parasiten fast gestorben war.

Als ich so im Dunkeln mit dieser Sonntagsschullehrerin dasaß, mit der ich die nächsten drei Wochen zu verbringen offenbar verurteilt war, zog ich Bilanz über diese Lage. Während ich das Ein- und

Ausatmen beobachtete, verlangsamte sich der Strom beunruhigender Gedanken allmählich und ich spürte Frieden. Mit meiner in der Tiefe meines Herzens vorhandenen Güte erkannte ich, dass diese selbe Güte auch in Betty vorhanden war. Wir waren beide Aspekte des gleichen ursprünglichen Bewusstseins, und ich ließ mein Festhalten an einen bestimmten Ausgang los.

Welche Alternativen habe ich? Genau genommen gibt es keine.

Wenn ich das Restaurant verlasse, wo werde ich essen? Katmandu ist dunkel. Ich bin am Verhungern und hier steht ein warmes Essen vor mir. Alle anderen scheinen sich gut zu amüsieren. Ich verdrängte die warnende Stimme meiner Mutter, nicht in schmutzigen Lokalen zu essen, und die daraus folgende Angst vor Parasiten. Ich ließ die Sorgen über die Zukunft los und hörte auf, verstehen zu wollen, was vor sich ging. Ja, ich hörte auf zu versuchen zu verstehen, oder etwas zu verursachen, und ruhte einfach in der Fülle des Augenblicks (Eine Methode namens Six Nails of Tilopa / Sechs Nägel von Tilopa, die am Ende von Kapitel 11 beschrieben wird).

Das Essen erwies sich als schmackhaft, und als wir gerade fertig waren, gingen die Lichter wieder an. Wir zahlten und gingen. Auf dem Weg zum Hotel kamen wir durch eine Straße mit Geschäften, aneinandergereihte Kabinen aus Seilen mit daran herunterhängenden Tüchern. Sie waren alle im Begriff zu schließen, und so wusste ich, ich musste mich beeilen.

In einer dieser Buden fand ich das meiste der Kleidung, die ich brauchte, bis auf einen warmen Mantel, also winkte ich das tibetische Mädchen herbei, das im hinteren Teil des Geschäftes saß. Gerade als ich ihr den Reisescheck und den Pass reichte, gingen die Lichter wieder aus und wir standen im Dunkeln. Das Mädchen verschwand. Würde ich je meinen Pass und mein Geld wiedersehen? Mein Verstand fing an, sich das Schlimmste vorzustellen. Ohne Pass konnte ich nicht nach Tibet einreisen. Bin ich nun in den Fußstapfen meiner Vorfahren so weit gekommen, nur um zurückgeschickt zu werden? Konnte ich ohne einen Pass heimfliegen? Wieder erkannte ich, dass es keinen Sinn hatte, sich Sorgen zu machen, da ich ohnehin nichts tun konnte. Dieses Aufgeben erfüllte mich mit einem unerklärlichen Gefühl der Freude.

Bald erschien das Mädchen wieder und hielt eine Petroleumlaterne in einer Hand und den Pass und das Wechselgeld in der anderen. „Ich musste von meiner Tante weiter unten in der Straße Wechselgeld holen", sagte sie mit einem lieblichen Lächeln, und legte den Pass und das Wechselgeld in meine Hand. Als ich die Eingangstücher teilte, um fortzugehen, schaute sie mir in die Augen und sagte, „Ich hoffe, Sie finden, wonach Sie suchen."

Wusste Sie von dem wunscherfüllenden Juwel? Ich wollte bleiben und mit ihr reden, aber Betty zupfte mich am Ärmel, „Komm, wir müssen gehen; das Tor zum Hotel wird bald geschlossen."

Als wir im Dunkeln die Straße entlanggingen, fragte ich Betty, ob sie je von einem wunscherfüllenden Juwel gehört habe, aber ich bereute sofort, etwas gesagt zu haben.

„Ach, ein buddhistischer Aberglaube", murmelte sie.

Ich hätte es besser wissen sollen und nicht einem Fremden gegenüber, dessen Leben sich um die Verfolgung weltlicher Freuden drehte, etwas zu erwähnen, das auf den inneren Ebenen gegeben wurde.

Am nächsten Morgen kam der schlaksige amerikanische Reiseführer, Steve. Sein Hemd hing aus seiner bauschigen Hose, und er trug eine abgefärbte Lederjacke, die mich an Harrison Ford in dem Abenteuerfilm *Jäger des verlorenen Schatzes* erinnerte. Er hatte diese raue Erscheinung eines Mannes, der im Leben viel gesehen, doch eine Art stoischer Abgehobenheit erlangt hatte. Mir war nicht klar, ob diese Nichtanhaftung das Ergebnis jahrelanger Reisen war, oder die Tiefe seiner buddhistischen Praxis. Er setzte seine Füße fest auf den Boden, legte seine Hände an die Hüften und musterte uns beide. Er sagte, die Firma habe die Tour gestrichen, da sich nicht genug Leute angemeldet hatten, und entschuldigte sich dafür. Betty entgegnete entmutigt, sie würde die Firma verklagen, sobald sie wieder zuhause sei.

„Und warum willst Du nach Tibet reisen?", fragte Steve und schaute mir in die Augen.

„Der sechzehnte Karmapa hat mich dazu aufgefordert."

Sein Gesicht erhellte sich, „Der Sechzehnte Karmapa war mein Guru", sagte er. „Ich war sein Englischlehrer. Da die Lamas wollen, dass ich den neuen Karmapa unterrichte, muss ich ihn sowieso besuchen.[7] Ich kann euch mitnehmen und wir können auf dem Weg dorthin noch einige andere Orte besuchen."

„Das hört sich gut an", sagte ich und spürte dabei die führende Hand des Meisters.

„Was meinst du, Betty?", fragte Steve.

„Ich denke, das ist in Ordnung", willigte sie ein, und wollte nicht das für die Reise schon ausgegebene Geld vergeudet haben, vielleicht wollte sie auch gegenüber ihrem Mann nicht als gescheitert dastehen, der sie für verrückt erklärt hatte, nach Tibet zu reisen.

---

[7]   Das Geschlecht der Karmapa stammt aus dem 12. Jahrhundert und ist dem Geschlecht der Dalai Lamas um mehr als zweihundert Jahre vorausgegangen. Derzeit gibt es einen Rechtsstreit zwischen rivalisierenden Interessengruppen der Kagyu-Abstammungslinie, deren Oberhaupt traditionell der Karmapa ist, bezüglich der Identität der authentischen Wiederverkörperung des 17. Karmapa.

KAPITEL 2

ANKUNFT IN LHASA

Am nächsten Morgen flogen wir vom Flughafen Katmandu ab und überquerten die Gebirgskette des Himalaya. Aus dem linken Fenster war der Mount Everest zu sehen, der bei den Tibetern *Chomolungma* heißt, Heilige Mutter. Als höchster Berg der Erde hat er diesen Namen sicherlich verdient. Tibeter betrachten das Bezwingen von Berggipfeln nicht als eine edle Freizeitbeschäftigung, sondern als ein Zeichen eines aufgeblähten Egos. Das Leben ist auch ohne zusätzliche Herausforderungen anfällig genug.

Nach vier Stunden setzte der Flieger im Flughafen von Lhasa auf, der mit 3570 Metern über Meereshöhe einer der höchst gelegenen Verkehrs-Flughäfen der Welt ist. Wir trafen mit dem ruhigen, aber rau aussehenden Lobsang zusammen, unserem Fahrer sowie mit Karma, der jungen mondgesichtigen Frau, die unsere Übersetzerin sein sollte. Karma bedeutet Aktion, oder Aktivität, nicht die guten oder schlechten Folgen einer Aktion, wie es im Westen interpretiert wird, und in Tibet ist es ein häufiger Mädchenname. Steve machte eine Andeutung, dass sie einen amerikanischen Ehemann zu finden hoffte, der sie mit nach Amerika nähme, aber ich fühlte mich nicht zu ihr hingezogen, und als ich mit den Achseln zuckte, ließ er die Sache fallen.

Nach weniger als einer Stunde fuhren wir unter dem Gewölbebogen hindurch, der die Einfahrt nach Lhasa markiert. Ich fragte mich, welche Torturen mein Vorfahre im neunzehnten Jahrhundert zu überstehen hatte, um bei diesem Bogen anzukommen, den ich so leicht erreicht hatte. Während ich darüber nachdachte, was ihn dazu angetrieben hatte, eine solche Pilgerreise zu unternehmen, kamen wir beim Hotel an, wo wir unsere erste Nacht in der tibetischen Hauptstadt verbringen sollten. Als wir uns am Morgen zur Abreise bereitmachten, bot mir Karma an, mich zum Barkhor-Straßenmarkt zu bringen, der den Jokhang-Tempel umgibt, um mir zu helfen, einen *Chuba* (ein warmer Mantel) zu finden.

Potala-Palast, Lhasa

Auf dem Weg teilte sie mit mir ihre Sichtweise über die Ehe, „In Tibet geht es bei der Eheschließung ums Überleben, sofern man kein Mönch ist und in einem Kloster lebt. Das Leben hier ist schwierig und man kann alleine nicht bestehen. Man braucht einen Partner, oder sogar mehrere Partner. Wenn eine Frau heiratet, heiratet sie oft auch die Brüder des Mannes mit; oder wenn es viele Schwestern gibt, teilen sie sich einen Ehemann. Auf diese Weise haben die Kinder immer Eltern, auch dann, wenn ein Elternteil weggeht oder stirbt. Heutzutage heiraten immer mehr Menschen aus Liebe, aber traditionellerweise werden Eheschließungen arrangiert."

„Wow, das würde drüben in den Staaten nicht gehen", sagte ich.

„Nun, das funktioniert auch hier nicht immer. Eifersucht kennt keine Grenzen. Manchmal will man nicht teilen. Aber denen, die der ‚Chemie' wegen heiraten, wie ihr es nennt, ergeht es nicht besser. Verliebtheit kommt und geht. Wenn sie geht, wer kümmert sich dann um die Kinder?"

„Sie sollen sich durch mich nicht bedrängt fühlen", endete Karma, „ich erzähle Ihnen das nur, um Ihnen eine andere Sichtweise des Lebens zu geben, und so können Sie darüber nachdenken, was Sie wirklich wollen."

Während ich ihre Gedanken auf mich einwirken ließ, kamen wir beim Barkhor an. Bald fanden wir einen Ständer mit langen, seidenen, mit weißem Ziegenhaar gefütterten Chubas, und ich fand einen, der mir passte. Karma verhandelte den Preis und ich ging den Mantel tragend fort und fühlte mich sehr tibetisch. Diese königliche Robe fühlte sich erhebender an als mein verloren gegangener Parka. Aus ihr strömte *Lungta*, Windpferd, wie es die Tibeter nennen, ein Pferd, das auf dem Wind gleitet, eine nichtphysische Qualität, die deine Sehnsüchte nach oben trägt. Die überall in Tibet zu findenden Gebetsflaggen sind eine weitere Manifestation des Windpferdes. Sie glauben, dass die auf die Flaggen geschriebenen Gebete und Mantras von den Wind-Geistern gelesen und verstreut werden.

Ich wunderte mich, dass ich keine chinesischen Soldaten gesehen hatte, seit meiner Ankunft in Tibet, da ich so viel über deren Unterdrückung der Menschen gelesen hatte; und ich hatte Videos mit Hinrichtungen von Lamas gesehen und die Zerstörung von Tempeln. Karma gegenüber erwähnte ich diese Abwesenheit des Militärs.

„Oh, sie sind da", sagte Karma besorgt. „Sehen Sie diese Laternenpfosten? In ihnen sind Videokameras, die rund um die Uhr von der Polizei in dem Gebäude am Rand des Platzes überwacht werden. Wenn man ‚Freies Tibet' ruft, oder den Dalai Lama erwähnt, sind innerhalb von fünfzehn Sekunden Soldaten da."

Ich hatte vorgehabt, Fotos vom Dalai Lama und mir zu verteilen, da ich gehört hatte, wie hoch die Tibeter ihn schätzten, aber nun warnte mich Karma, wie gefährlich das gewesen wäre. Jeder, den sie mit seinem Bild erwischten, wurde geschlagen und eingesperrt, auch Touristen, die sein Bild bei sich hatten, wurden manchmal eingesperrt und auf jeden Fall ausgewiesen.

Als wir den Platz verließen, kamen wir an Tischen voller Türkis-Halsketten und exquisitem Seidenstoff vorbei. Als ich überrascht war, dass viele der Verkaufsstände unbeaufsichtigt waren, sagte Karma, „Wenn jemand stielt, gibt es keine Gerichtsverhandlung, keine Verteidigung; die Chinesen stellen den Dieb einfach auf den Platz und erschießen ihn. Dann schicken sie die Rechnung für die Kugel an die Familie des Diebes. Diese Art von Justizwesen hält die Kriminalitätsrate wirklich niedrig."

„Ganz bestimmt", sagte ich zustimmend ob dieser offensichtlichen Logik.

Barkhor, hinter dem Jokhang-Tempel in Lhasa

KAPITEL 3

YAMBULAGANG

U nser erster Aufenthalt war der Yambulagang-Palast, der im Yarlung-Tal emporragt. Er war das erste große Gebäude in Tibet, erbaut von König Nyatri Tsenpo, ca. 127 v. Chr., und war der Mittelpunkt der frühen *Bön*-Religion vor der Einführung des Buddhismus.[8] Er wurde der Sommer-Palast von König Songtsen Gampo und seiner zwei Frauen, einer Nepalesin und einer Chinesin. Diese beiden Frauen waren die ersten, die den Buddhismus in Tibet einführten. Später wurde er zu dem gegenwärtigen Kloster umgebaut, das von den Chinesen zusammen mit weiteren sechstausend Klöstern zerstört wurde, aber seitdem zu seiner jetzigen Form wiederaufgebaut wurde.

Kurzatmig kämpfte ich, um den Berg zu ersteigen, der bis auf 3353 Meter über Meereshöhe aufragte, und während ich hinaufstieg, dachte ich ständig an das wunscherfüllende Juwel, das zu suchen ich nach Tibet gesandt worden war. Wie würde es aussehen? Sollte ich es aus einem Berg ausgraben müssen, oder würde es mir von einem Yogi oder hohen Lama gereicht werden, der in diesem Augenblick höchstwahrscheinlich mein Eintreffen erwartete? Wenn ich es irgendwo finden sollte, dann könnte dieses magische Gebäude mit seiner weit zurückreichenden Geschichte ganz bestimmt der Ort sein.

---

[8]   *Bön* war die tantrische und schamanische Tradition im Nordwesten von Tibet vor der Einführung der indischen Lehren des Tantra durch Padmasambhave aus dem Süden. Einige der Praktiken konzentrieren sich auf die Arbeit mit Naturgeistern und den Geist von Toten.

31

Nach mehrmaligem Rasten schaffte ich es schließlich bis zum Gipfel und warf das Tor zum Kloster auf. Es war nicht das, was ich erwartet hatte; keine vergoldeten Statuen des Buddha oder Padmasambhava wohnten auf dem Altar, und keine kunstvollen Thangkas schmückten die Wände.[9] Ein alter Lama nickte, als ich mich umschaute, aber er schien mich nicht erwartet zu haben, noch gab er irgendein Zeichen des Erkennens. Nach einem flüchtigen Rundgang in dem leeren Raum ging ich wieder hinunter und hatte das Gefühl, dass ich mich vergeblich verausgabt hatte.

Yambulagang-Palast, Yarlung-Tal

---

[9]   *Thangka*, ein Wandteppich, mit einer normalerweise auf Seide oder Baumwolle gemalten Gottheit oder einem Mandala, der bei der Meditation benutzt wird, um ein bestimmtes Bewusstsein hervorzurufen.

Die Aussicht war so atemberaubend, dass ich mich bei einer Kurve eine Weile hinsetzte und nachsann. War ich wirklich in Tibet? Hatte mein Vorfahre vor einem Jahrhundert diesen Ort besucht? Ich schien in einem Traum zu sein; und als ich mich auf meinen Atem einstimmte, verfiel ich allmählich in eine natürliche Meditation.

Einatmen, ausatmen – einatmen, ausatmen – wenn ein Gedanke aufkam, markierte ich ihn mit „Denken" und beobachtete wieder meine rhythmische Atmung. Ich ließ alle Erinnerungen an die Reise los, die mich hierher gebracht hatte, und alle Gedanken, wohin ich reisen würde, und folgte nur dem Atem – keine Gedanken – kein Verlangen nach Verstehen oder etwas zu veranlassen. Ich verfolgte nur den Atem, ohne jegliche Bemühung, ihn zu ändern – und ließ die Wahrnehmung sich nach außen ohne Begrenzung erweitern.

Allmählich wurde der Atem langsamer und meine Aufmerksamkeit sank zur Mitte meiner Brust, dem Brennpunkt der Ungespeisten Flamme der ICH BIN-Gegenwart, und ich fühlte, wie sich diese Wahrnehmung nach außen erweiterte – und die Berge, das Yarlung-Tal, Tibet, China, Indien, die Erde und sogar das Universum umfasste.[10]

Vertieft in diesen freudvollen Zustand erschrak ich, als ich die Stimme eines Mädchens sagen hörte, „Möchten Sie das gerne haben, Mister?"

Vor mir stand ein etwa zehn Jahre altes Mädchen mit einer großen Türkisperle, die an einem Lederband um ihren sonnengebräunten Hals hing. Sie streckte mir ihre offene Handfläche entgegen, in der ein herrlicher Kristall lag, der ihre Hand mit reiner, strahlender Energie erfüllte.

---

[10]   *Shamatha* (Sanskrit: ruhiges, friedvolles Verweilen), eine vorbereitende Übung, den Verstand zu verlangsamen, normalerweise durch Beobachten des Atems, was zu *Vipassana* (Pali: Einsicht) führt, zur Erkenntnis der Natur der Erscheinungen und des Denkens. Unterweisung kann man von der Shambhala-Organisation erhalten: www.shambhala.org/learn-to-meditate/.

„Ich hab ihn hier ausgegraben", sagte sie stolz und zeigte hinunter auf den Berg.

War das das wunscherfüllende Juwel?

Ich wollte ihn gerade aufnehmen, als plötzlich Bettys plumpe Hand ihn umschloss. Ich musste wohl während der Meditation die Geräusche ihres Herannahens ausgeblendet haben und war nun überrascht, als ich beobachtete, wie mir Betty in diesem Augenblick zuvorkam. Sie hielt den Kristall weg von meinem Zugriff und steckte etwas chinesisches Geld in die Hand des kleinen Mädchens, das den Weg hinunter flüchtete zu ihren Gefährten.

„Das nehme ich mit nach Hause als Souvenir für meinen Sohn", sagte Betty und steckte den Kristall in ihren Reisverschlussbeutel ihrer Gürteltasche. „Er liebt Kristalle", schloss sie, als würde ihre Großzügigkeit ihrem Sohn gegenüber ihre Grobheit entschuldigen. „Komm", drängte sie, „Steve wartet beim Auto".

Ich stand langsam auf und versuchte die Bedeutung dessen zu erfassen, was gerade geschehen war, dann schlenderte ich langsam den Berg hinunter und passte auf, dass ich auf den losen Felsbrocken nicht hinfiel. Sollte ich Betty sagen, dass ich der Meinung war, der Kristall sei meiner, dass ihn das Kind mir hingehalten hatte, nicht ihr? Dann erinnerte ich mich an die Lehre, *niemand kann dir vorenthalten, was wahrhaft dein ist.*

Wenn dem so war, dann war das entweder nicht das wunscherfüllende Juwel, oder der wirkliche Edelstein würde auf eine andere Weise zu mir kommen. Ich wusste, dass mich die Meister nicht den langen Weg nach Tibet gesandt hatten, um das zu verlieren, was ich hier bekommen sollte. Mir wurde bewusst, dass wir den Karmapa in seinem Kloster in Tsurphu noch nicht gesehen hatten, der doch ein viel geeigneterer Ort war, den Edelstein in Empfang zu nehmen.

KAPITEL 4

ÜBERQUERUNG DES GROSSEN WASSERS

A m nächsten Morgen erreichten wir den Brahmaputra (Tibetisch: *Tsangpo*), einen der vier großen Flüsse, die von den Gletschern des Mount Kailash herabkommen, der von den Tibetern und Indern lange als das Zentrum der spirituellen Welt angesehen wurde. Der Fluss war breit, und während der Zeit des Überquerens fiel ich in eine natürliche Stille. Ich spürte, dass ich irgendwie einen Fluss in mir selbst überquerte und das begrenzte Selbst hinter mir ließ, um in einen erweiterten Bewusstseinszustand einzutreten, dass ich *Das Große Wasser* überquerte, wie es in dem alten chinesischen Buch der Weisheit, *I Ging,* symbolisch beschrieben wird. Ungefähr in der Mitte des Flusses kam die Erinnerung an das wunscherfüllenden Juwel und ich fragte Steve, „Gibt es das wunscherfüllende Juwel wirklich, oder ist das nur ein Symbol?"

„Oh, es ist sehr wirklich", sagte er, „Es ist eine Medizin mit dem Namen *Rinchen Ratna Samphel* und sie besteht angeblich aus siebzig Kräutern, Mineralien und gereinigten Metallen — aber ich bezweifle, dass sie Wünsche erfüllen kann. Wie auch immer, während meiner ganzen Zeit in Tibet habe ich nie einen gesehen. Wenige Leute wissen, wo die Kräuter wachsen oder wie man sie zubereitet. Es ist ein überaus geheimnisvolles Verfahren und die Pillen sind sehr selten."

Mir schwante, dass es da über das wunscherfüllende Juwel mehr gab, als Steve wusste. Warum sonst würde mir der Sechzehnte Karmapa, angeblich ein Buddha, erscheinen und mich nach Tibet entsenden, um eins zu finden?

Das Kloster Samye, der erste in Tibet erbaute buddhistische Tempel

Wir kamen bald bei dem Kloster Samye an, das erste buddhistische Kloster in Tibet. König Trisong Detsen hatte den Bau im Jahr 767 begonnen, aber Dämonen hatten wiederholt verursacht, dass das Fundament zerbröckelte. Er bat den Mönch Santaraksita, der die *Sutrayana*-Form des Buddhismus praktizierte, welche Regeln und Grundsätzen folgt, das Gebäude zu schützen, aber ohne Erfolg. Als Padmasambhava ankam, das halb mythische Wesen, das die indische Lehre des Tantra nach Tibet brachte, praktizierte dieser das zornige, tantrische Ritual des Vajrakilaya und bändigte die Dämonen. Das Oberhaupt jener Dämonen war Pehar Gyalpo, den er an einen Schwur band, den Dharma fortan zu beschützen. Er baute auch *Stupas* in alle Himmelsrichtungen und errichtete so ein schützendes Kraftfeld um die Stätte.[11] Nur durch Padmasambhavas spirituelle Meisterschaft, die Santaraksitas Rezitieren von Lehren weit überlegen war, konnten die Dämonen untertan gemacht und das Kloster vollendet werden.

Die Mönche hießen uns willkommen und einer von ihnen verschwand, um gesalzenen Yakbuttertee zu holen. Während wir warteten, bemerkten wir über uns auf dem Schrein eine Statue eines nackten männlichen Yogi mit einer nackten weiblichen Figur auf seinem Schoß sitzend.

„Das nennt man die *Yab Yum*-Pose (Tibetisch: Vater-Mutter)“, sagte Steve, „die ein Symbol für die Einheit von männlicher und weiblicher Energie ist, die man in sich selbst zu vereinigen lernen muss, um Erleuchtung zu erlangen.“

„Nun, das ist einem an ein Kreuz genagelten nackten Mann vorzuziehen, den man in christlichen Kirchen sieht“, sagte ich.[12]

„Ja, der tantrische Buddhismus gründet nicht auf Ablehnung, sondern auf Annahme aller Aspekte des Lebens. Er lehrt die Umwandlung sexueller Energie in spirituelle Energie“, fuhr Steve fort. „Tatsächlich ist sexuelle Energie nur die Lebenskraft, die sich durch das zweite Chakra manifestiert. Auf dem Weg zur Erleuchtung lernt ein Yogi, diese Energie durch die mikrokosmische Umlaufbahn kreisen zu lassen: Vom Solarplexus hinunter zum Wurzelchakra, dann hinauf durch den Zentralkanal im Rücken zur Zirbeldrüse und vorne hinunter – wo die Energie wieder in den Solarplexus fließt.

---

[11]   Vajrakilaya ist eine Meditationsgottheit, die einen Ritualdolch schwingt, einen *Phurba*, um Unwissenheit zu durchtrennen und negative Energien herauszulösen. Die Energie ist ähnlich der von Erzengel Michael, der das Schwert der Blauen Flamme schwingt.

[12]   Der senkrechte und waagerechte Balken des Kreuzes repräsentieren ebenfalls den männlichen und weiblichen Aspekt. Vor dem Christentum waren die Balken gleich lang, aber unter dem christlichen Patriarchat wurde der waagerechte, weibliche Balken verkürzt. Ursprünglich war keine menschliche Form an dem Kreuz, nur manchmal ein Opferlamm. Darstellungen von Jesus am Kreuz erschienen erst ungefähr zweihundert Jahre nach der mutmaßlichen Kreuzigung.

Deshalb soll man die Zungenspitze gegen den Gaumen legen, wenn man meditiert, um den Kreislauf zu schließen."[13]

Yab Yum Meditation
zur inneren Vereinigung der Energien

---

[13]   *Tantra* (Sanskrit: Netz, Gewebe) ist eine aus Indien und Afghanistan stammende Praxis, die in Tibet als *Vajrayana* bekannt wurde (Sanskrit: unzerstörbares Fahrzeug, der Weg des Blitzes). Tantra verwebt in der rituellen Meditation den Gebrauch eines *Mantras* (heiliges Wort oder Ton), *Mudras* (Geste) und *Yantras* (mystische Visualisationen, Diagramme und Mandalas), um die wahre Natur des Geistes aufzudecken. Anders als im *Hinayana* (kleineres Fahrzeug), wo Erleuchtung nur zur eigenen Befreiung angestrebt wird, ist im Vajrayana sowie im Mahayana (größeres Fahrzeug) das Bestreben dem Wohl anderer gewidmet. Die tantrische Praktik steht im Gegensatz zur Anbetung einer äußerlichen Gottheit, denn der Ausübende strebt an, Göttlichkeit in Allem zu sehen, äußere und innere Realitäten werden als eins betrachtet.

„Ein Yogi braucht sich nicht mit einem anderen physischen Körper zu vereinigen. Er oder sie visualisiert zuerst den leuchtenden Lichtkörper und dann die Vereinigung mit der Gottheit, welche das weibliche oder männliche Gegenstück ist. Während sie zusammen meditieren, lassen sie Energie durch ihre vereinten Kanäle zirkulieren. Durch diese Übung erlangst du einen leuchtenden Körper, der Regenbogenstrahlen aussendet, um alles Leben zu segnen."[14]

Während die anderen warteten, zog es mich zur Erkundung einer nahegelegenen Mauernische. Sie war nur schwach von einigen Butterlampen erleuchtet, und als ich rückwärts wegging, stieß ich an etwas Hartes. Als ich mich umdrehte, war über mir der schwarze Dämon mit der Krone aus Schädeln, der mir im Schlafzimmer erschienen war, um mich daran zu hindern, nach Tibet zu kommen. Ich habe ihm nicht gehorcht, und hier war er nun, schaute mich finster an, seine Reißzähne fletschend und mit seinem Schwert bereit zuzuschlagen.

War einer der Dämonen, die Padmasambhava unterworfen hatte, entkommen? Ich wandte mich schnell um und floh zurück in den Schreinraum. Als ich zurückschaute, um zu sehen, ob er mir folgte, sah ich, dass das furchterregende Wesen eine Statue von Mahakala war (Sanskrit: *Maha,* groß; *Kala,* Zeit, Dunkelheit), eine Gottheit, deren ursprünglicher Zweck es war, einen an die illusionäre Natur der menschlichen Existenz zu erinnern. Die fünf Schädel repräsentierten die fünf betrübenden Emotionen, die umgewandelt werden müssen in die fünf Weisheiten (Unwissenheit in Weisheit, Stolz in Gelassenheit, Ärger in Geduld, Anhaftung in Geduld, Neid in Freude).

---

[14] Nur beginnende Adepten brauchen eine physische Gefährtin für die Yab Yum Praktik. Fortgeschrittene Ausübende verwenden eine visualisierte Form, während weitest Fortgeschrittene direkt mit der Energie arbeiten und die zwei Ströme innerlich vereinigen und jegliches äußere Verlangen vollständig umwandeln.

Ich war froh, als ich mich den anderen wieder anschloss, die vor fünf Tassen Tee saßen und mit einem Mönch plauderten. Ich nahm die Tasse, die mir am nächsten war, und als ich die heiße Flüssigkeit schlürfte, fühlte ich mein Selbstvertrauen zurückkehren. Steve erklärte gerade, dass vor dem Buddhismus die schamanischen Praktiken des Bön verwendet wurden, um kraftvolle Entitäten zu erschaffen, die das taten, was der Schamane verlangte. Manchmal führten sie sogar Krieg gegeneinander oder sie griffen konkurrierende Schamanen an. Diese Dämonen waren vom Menschen erschaffene Gedankenformen, die ihr eigenes Leben annehmen konnten. Sie konnten Beschützer als auch furchterregende Gegner sein, je nach dem, mit welchem Bewusstsein sie erschaffen worden waren, und ob die Entität einen als Freund oder Feind ansah. Als Padmasambhava Tibet betrat, war seine erste Tat, diese Dämonen zu unterwerfen und sie zu zwingen, den Dharma zu beschützen. Nachfolgende Generationen praktizierender Buddhisten begannen diese *Dharmapalas* genannten Wesen um Schutz anzurufen. Allerdings können diese Gedankenformen, abgängig von dem Zustand der ungelösten Neurosen des individuellen Praktizierenden völlig unterschiedliche Merkmale annehmen. In gewisser Hinsicht leben sie von den Gedanken und Emotionen ihrer Verehrer. Wenngleich sie angerufen wurden, um jeden zu vernichten, der die spirituellen Lehren verfälschte, wer weiß, zu welchem Tun sie noch fähig sind?[15]

Schließlich wurden diese schamanischen Praktiken zu tantrischen Ritualen, die die bildlichen Darstellungen der Dämonen als Aspekte des Bewusstseins nutzten, als Projektionen der eigenen Emotionen. Da jeder früher oder später seine eigenen Dämonen konfrontieren und auflösen muss, erleichtert das Anschauen ihrer lebensgroßen bildlichen Darstellungen diesen Prozess der Befreiung. Die Vermeidung dieser Konfrontation lässt die Besetzung durch diese unbe-

---

[15]   Diese Schutzdämonen erlangten schließlich Befreiung, so teilte mir Tai Situ Rinpoche in einem Gespräch beim Triyana Dharmaschackra in Woodstock, NY mit.

wussten Triebe fortbestehen, welche als emotionale Gewohnheiten alle Beziehungen vergiften.

Steve sprach weiter über Padmasambhavas Prophezeiung einer zukünftigen Invasion in Tibet. Um diese Invasion abzuwenden, führten die Schamanen *Pujas* (Rituale) aus, um Mahakala anzurufen, dass er die Fremden fernhalte. Die berühmte Prophezeiung, die fast 1.200 Jahre vor der Erfüllung durch die kommunistische Invasion im Jahr 1950 gemacht wurde, warnte:

Das Land des Schnees (Tibet) wird von Fremden überrannt werden. Zu dieser fernen Zeit, wenn Pferde auf Rädern laufen und eiserne Vögel fliegen, werden die Tibeter wie Ameisen über die ganze Erde verstreut werden, und der Dharma wird in das Land des roten Menschen ziehen.

Um diese Invasion abzuwenden, wurde jede Anstrengung unternommen, Fremde fernzuhalten. Natürlich wird kaum erwähnt, dass während der T'ang-Dynastie (618-906) tibetische Krieger in China einfielen. Während der Qing-Dynastie hat China den Dalai Lama sogar unterstützt, an der Macht zu bleiben. Auch Russland und Großbritannien fielen in Tibet ein. Auch wenn die Invasion durch die Kommunisten großes Leid verursachte, die Zerstörung von Klöstern und Verluste an Menschenleben, zwang sie viele Lamas, Tibet zu verlassen und ihre Weisheit schließlich mit der Welt zu teilen.

Als der Mönch sah, dass ich meine Tasse Tee leergetrunken hatte, füllte er sie wieder auf. Ich war verdutzt, dass keiner von den anderen den Tee versucht hatte. Gemäß meiner Erziehung war es eine Beleidigung, wenn man eine angebotene Speise nicht wenigstens kostete. Als wir gingen, fragte ich Betty, warum sie ihren Tee nicht angerührt hatte.

„Als er eingegossen wurde, war er voller Fliegen, die obenauf schwammen. Der Mönch fischte sie mit seiner Hand heraus. Danach mochte ihn keiner von uns mehr trinken."

Nach meiner Konfrontation mit dem sechsarmigen Wesen, das als Mahakala erschienen war, war die Reinheit des Tees nicht von Bedeutung. Ich konnte jeden Augenblick sterben, aber wahrscheinlich nicht vom Trinken einer Tasse Tee.

Bei einem Kloster in Zentral-Tibet

Kapitel 5

Von einem Yidam Gerettet

Der ursprüngliche Reiseplan sollte uns nach Shigatse bringen, das eine Zweitagesfahrt westlich von Lhasa liegt, da aber die geplante Tour abgesagt worden war, waren wir frei, dorthin zu gehen, wohin uns der Geist führte. Ich hatte mich darauf gefreut, Shigatse zu besuchen, wo Meister Kuthumi Lal Singh vor seinem Aufstieg gewohnt hatte. In seinem Heim am Rande der Stadt hatte er eine Orgel, auf der er spielte, wenn er telepathisch mit seinen Schülern auf der ganzen Welt kommunizierte. Sie hörten die innere Musik und gingen dann in Meditation, um sich auf seinen Geist einzustimmen. Einige, die Madame Blavatsky (Begründerin der Theosophischen Gesellschaft) nahestanden, hatten versucht, nach Tibet zu wandern, um ihn zu besuchen, mussten aber wegen schwerer Stürme, Banditen und Dämonen umkehren.

Steve sagte, dass alle Behausungen Kuthumis seit langem durch Wohnbauten für Chinesen ersetzt worden waren. Auch wenn es nicht mehr auf der physischen Ebene weilt, weiß man nie, wann ein Wesen, das Herr über Raum, Zeit und Energie ist, wieder erscheinen wird, und in welcher Form. Tatsächlich hatte ich während meiner frühen Lehrzeit Kuthumi in physischer Form bei mindestens zwei Gelegenheiten getroffen. Sein früheres Heim zu besuchen, so dachte ich, würde ein physisches Zusammentreffen wahrscheinlicher machen; doch im Laufe der Zeit hatte ich gelernt, dass Meister nie erscheinen, um menschliche Wünsche zu befriedigen, sondern ausschließlich für einen höheren Zweck.

Nun wollte Steve jedoch Shigatse auslassen, das, wie er sagte, eine große kommerzielle Stadt geworden und weitgehend von chinesischen Siedlern bevölkert sei. Stattdessen wollte er sich über die Berge wagen zum Namtso See, einem spirituellen Brennpunkt, von dem man sagte, dass dort übernatürliche Wesen residierten. In dieser dünnen Luft konnten vollendete tantrische Praktizierende sogar ihre eigenen Gedanken sehen, sagte er. In der tantrischen *Vajrayana* Praxis generiert man aus dem eigenen Geist eine Gottheit namens *Yidam*. Wenn diese im Bewusstsein verankert ist, vereinigt man sich mit ihr und empfängt deren einzigartige Merkmale. Ein geschickter Yogi kann eine derartige Visualisation erzeugen, dass sie sogar für andere sichtbar ist.

Da Steve nicht über unsere Pläne bestimmen wollte, auch wenn er unser Führer war, bestand er darauf, abzustimmen, wohin wir reisten. Da Betty und ich die einzigen waren, die abstimmen konnten, musste die Abmachung einstimmig ausfallen. Betty zuckte mit den Schultern und sagte, ihr sei es egal. Zweifellos wünschte sie sich, in diesem Jahr wieder in die Karibik gereist zu sein, anstatt sich für Tibet entschieden zu haben, aber die Bestimmung hatte für sie andere Pläne.[16]

Wir beendeten das Frühstück und beluden das Auto, um uns auf den Weg zum Namtso-See zu machen. Obwohl es Ende August war, war die Morgenluft eisig und ich hüllte mich in meinen neuen Chuba. Steve schlug vor, dass ich meiner langen Beine wegen vorne sitzen sollte, also saß ich neben Lobsang. Als ich einstieg, sah ich, dass die Reifen abgefahren waren und ich hoffte, dass der Pass, den wir zu überwinden hatten, schneefrei war.

Der Namtso-See lag nur 144 Meilen (230 km) nordwestlich von Lhasa, aber wenn man auf Schotterstraßen reist, können Entfernungen täuschen. Erst am Nachmittag erreichten wir die Abkürzung abseits der Schotterstraße, um auf den 4572 Meter hoch gelegenen Largen-La-Pass hinaufzufahren. Wir mussten dieses Hinder-

---

[16]   Der freie Wille besteht darin, wie wir die Geschehnisse in unserem Leben verarbeiten, ob wir es vorziehen zu wachsen oder nicht. Die Hauptumstände in unserem Leben wie Eltern, Partner, Berufe, etc., wurden vor der Geburt vereinbart, gemäß der karmischen Lektionen, die zu lernen wir uns ausgesucht haben.

nis überwinden, bevor wir auf der anderen Seite der Gebirgskette zum Namtso-See hinunterfahren konnten.

Während der Fahrt verdunkelte sich der Himmel. Über den Bergen vor uns zogen sich schwarze Wolken zusammen. Ich zog meine Robe noch fester zu und bete zu dem Wesen, das als Mighty Hercules, der mächtige Herkules, bekannt ist, dass es uns über die Berge bringt. Godfre Ray King hatte von Herkules als einer Gottheit gesprochen, die erscheinen konnte, um direkte Hilfe zu gewähren, besonders, wenn übermenschliche Kraft nötig war. Ich visualisierte ihn als den Helden aus der griechischen Mythologie, dem zwölf für Menschen unmögliche Arbeiten auferlegt worden waren, wovon eine das Niederringen eines wilden Stieres auf der Insel Kreta war. Konnte ich ihn auf die Art anrufen, wie die Tibeter Yidams anrufen? Ich beschloss, es zu versuchen.

Während wir die vereiste Straße in die Berge hochfuhren, fing das Auto an, von Seite zu Seite zu rutschen. Ich stellte mich auf meine ICH BIN-Gegenwart ein, deren Flamme ich in der Mitte meiner Brust spüren konnte, und fuhr fort, den griechischen Helden zu visualisieren, der den mythischen Stier niedergerungen hatte, und rief ihn an, sich zu manifestieren.

Aus den bedrohlichen Wolken begann feiner Schnee zu rieseln. Betty schaute auf dem Rücksitz finster drein, als wollte sie sagen, „Ich habe euch gesagt, bei dem ursprünglichen Plan zu bleiben und nach Shigatse zu fahren".

Mit dem von Straßenseite zu Straßenseite schlingernden Auto und den wie verrückt durchdrehenden Rädern erreichten wir die Passhöhe, und Steve rief Lobsang zu, anzuhalten. Anzuhalten, bevor das Auto über die Passhöhe rüber und auf der anderen Seite auf dem Weg nach unten war, war ein Fehler, fand ich, aber wir kamen auf einem Plateau zum Stehen, das mit dichter Schneemasse bedeckt war. Ich stieg aus dem Auto aus und sah, dass wir in einer Wolke standen, Weiß in alle Richtungen. Auf einer Höhe von über

4500 Metern war die Luft dünn, und ich atmete langsam und kontrolliert. Es begann nun heftig zu schneien.

Man konnte nichts sehen, also stiegen wir wieder in das Auto ein. Lobsang startete den Motor, aber als er auf das Gaspedal drückte, drehten die Räder durch und der Wagen rührte sich nicht vom Fleck. Wir stiegen aus und schoben, aber die Räder griffen nicht. Während Steve und Lobsang die Lage besprachen, ging ich hinauf auf den Höhenrücken und bat um Führung. Als ich meine Aufmerksamkeit nach innen wandte, erkannte ich die Ernsthaftigkeit unserer Lage. Seit wir von der Hauptstraße abgebogen waren, hatten wir keine anderen Autos gesehen. Es war spät und die Nacht stand bevor. Menschen sind auf diesen Pässen erfroren und ihre Körper wurden gefunden, wenn der Schnee im Frühjahr schmolz. Sollte hier mein Leben zu Ende gehen? Ich hatte gehört, dass Erfrieren schmerzlos geschehe, dass man einfach einschläft. Ich begann mich nach einem guten Platz umzusehen, um mich dort hinzulegen, aber es war überall karg und windig.

Ich atmete langsam, genoss jeden Atemzug und spürte die Kostbarkeit des Lebens. Nur einen Augenblick zuvor war ich ein Kind, so schien es, und versuchte herauszufinden, was ich mit meinem Leben anfangen sollte. Ich spürte, dass ich erst jetzt anfing zu ergründen, warum ich hier war. Ich rief Saint Germain an, „Soll hier meine Arbeit mit dir enden?"

Ein Donnerschlag beendete diese Träumerei, als wollte er mich daran erinnern, mein Höheres Selbst anzurufen. Noch einmal wandte ich meine Aufmerksamkeit nach innen und rief Herkules an. Ich schrie zum Himmel,

Mächtiger Herkules, komm herbei!
ICH BIN die Gegenwart von Herkules in Aktion!

Sofort wurden meine Ohren von einem willkommenen Brummen eines sich nähernden leistungsstarken Fahrzeugs begrüßt. Bald kam ein schwarzer Ford Bronco rasch die Straße heraufgefahren, der offensichtlich mit Winterreifen und Allradantrieb ausgerüstet war. Er hielt an und aus jeder der vier Türen stieg ein muskulöser Chinese aus, jeder mit einer identischen Lederjacke bekleidet und mit einer Baseball-Mütze der Chicago Bulls. Der Fahrer stapfte den Hügel herauf und blieb vor mir stehen. Ich ertappte mich dabei, wie ich in das schnaubende Gesicht des roten Stiers auf seiner Kappe schaute.

Er sah mich durchdringend an und ich hörte ihn innerlich fragen, „Du hast gerufen?"

Er lachte kurz, drehte sich dann um und ging zu seinem Auto hinunter. Die anderen drei Männer, die mit ihm identisch zu sein schienen, stiegen ein und der Motor heulte auf. Der Bronco machte eine Kehrtwende, so dass seine vordere Stoßstange an der Stoßstange unseres Autos anlag. Lobsang startete den Motor und legte den Leergang ein, und sie schoben unser Auto bergab in die Richtung, wo wir hergekommen waren. Das Auto unserer Retter löste sich von unserem und mit einem Abschiedshupen fuhr es bergab und entschwand bald in die Leere. Steif vor Kälte folgten wir schweigend nach, keiner sagte ein Wort. Als wir das Tal erreichten und wieder auf der Hauptstraße fuhren, fragte Steve, „Hat jemand Hunger?"

Seit wir am Morgen von Lhasa losgefahren waren, hatten wir nichts gegessen und nahmen gerne seinen Vorschlag an, in dem vor uns liegenden Dorf zu essen. Es war eines von den neuen chinesischen Städtchen, das noch bis vor kurzem nur ein Versammlungsort für wandernde *Drokpas* (Tibetisch: Menschen in der Einöde, Nomaden) gewesen war. Wir gingen in das einzige Restaurant am Ort und es war brechend voll. Aber es wurden uns bald Teller mit dampfenden Nudeln gebracht. Sie hatten keinen Geschmack, waren ganz ohne Würze, also beschloss ich nach dem ersten Bissen, die

Soße zu probieren, die in einer kleinen Schüssel auf dem Tisch stand. Als ich einen Löffel voll davon an den Rand meines Tellers tat, sagte Steve, „Sei vorsichtig damit".

Bis auf die Knochen durchgefroren, war mir der Gedanke an etwas Wärmendes willkommen, also tauchte ich ein Eßstäbchen in den braunen Brei und tupfte einen Tropfen davon auf meine Zunge. In diesem Augenblick spürte ich, wie ein heißer Nagel in meine Schädeldecke getrieben wurde und in mein Gehirn. Über meinem Kopf erschien ein weißes Licht und ich sprang auf, stieß den Stuhl zurück und lief aus dem Restaurant hinaus auf die Straße in die kalte Nachtluft.

Allmählich ließ das Brennen von dem Chili nach und das Licht verblasste zu einem Glimmen in der Mitte meines Kopfes. Ich musste lachen bei dem Gedanken, Erleuchtung nicht durch den Wunsch erfüllenden, mystischen Edelstein zu erlangen, oder von der Berührung durch den Karmapa, sondern von der heißen Chilisoße in einem chinesischen Restaurant.

Dann fiel mir ein, wie der Ford Bronco zu unserer Rettung in dem Augenblick erschienen war, als ich Herkules visualisiert und gerufen hatte, und ich erinnerte mich an das rote Gesicht des Bullen auf den Kappen der chinesischen Männer. Der Yidam schien sich manifestiert zu haben gemäß der vorgeschriebenen Methode. Oder war das in Wirklichkeit Saint Germain? Gemäß der tantrischen Theorie sind Saint Germain, der Yidam und meine eigene ICH BIN-Gegenwart alle ein und dasselbe Bewusstsein, das sich individuell oder einzeln manifestieren konnte. Wer immer es war, der erschien, ich dankte dem Meister Saint Germain, dem Yidam Herkules und meinem unbegrenzten Selbst für ihre Hilfe.

Das Licht in meinem Kopf war schwächer geworden und ich sah, dass ich in der Regenrinne der Straße stand. Das Schneegestöber hatte aufgehört und ich konnte nun die Sterne am Himmel sehen. Unter ihrer Offenbarung fühlte ich mich wie ein unbedeutendes Staubkörnchen. Ich nahm einige Atemzüge der dünnen Luft in mich auf und ging wieder hinein zu meinen Begleitern, um das Abendessen zu beenden.

KAPITEL 6

ZU FÜSSEN DES KARMAPA

Steve hatte vorab an das Kloster in Tsurphu geschrieben und für uns eine private Audienz bei dem fünfzehnjährigen Siebzehnten Karmapa arrangiert, die angebliche Reinkarnation des vorherigen Karmapa, der mir in der Meditation erschienen war. Da er derjenige war, der diese Reise initiiert hatte, war ich sicher, dass etwas Tiefgreifendes geschehen würde. Er würde mir sicher irgendeine tiefgreifende Mitteilung oder eine Übertragung der Erleuchtung geben. Wenn er mir kein kostbares wunscherfüllendes Juwel gab, so würde er mir zumindest sagen, wo eines zu finden ist.

Wir verbrachten die Nacht in einem - wie der Prospekt des Touristikunternehmens es anpries - „urigen Berggasthaus, wo der Führer ein köstliches Abendessen mit lokalen tibetischen Delikatessen bereiten wird". Das Gasthaus stellte sich als ein klappriges Gefüge heraus, mit Seilen zusammengezurrt, und das Abendessen bestand aus einer Tasse Dosenfrüchte und einigen trockenen Keksen. Wir mussten eine Leiter hochklettern, um auf ein Gerüst zu gelangen und dann zu unseren Schlafräumen. Ich ließ mich auf die dünne Matratze fallen und schaute durch Löcher im Strohdach auf die flimmernden Sterne.

Mitten in der Nacht wachte ich von Panik ergriffen auf und stellte fest, dass meine Atmung stillstand. Ich wusste, dass ich bei gelähmter Atmung in wenigen Sekunden das Bewusstsein verlieren würde. Verzweifelt pochte ich so fest wie ich konnte mit beiden Fäusten auf meine Brust. Beim zweiten Schlag setzte die Atmung wieder ein und ich richtete mich auf und rang nach Luft. Aus Angst, wieder einzuschlafen, konzentrierte ich mich auf die Atmung. Viele Westler hatten mit der Höhenkrankheit ähnliche Probleme. Ich hatte gerade von einer Frau gehört, die in ihrer ersten Nacht in Lhasa zu Bett ging, und als sie von ihrem Gatten morgens gerüttelt wurde, war sie tot. Ich setzte mich für den Rest der Nacht auf und fragte mich, ob ich die ganze Reise schaffen würde.

Am Morgen, nach einer weiteren Malzeit, bestehend aus Keksen und Früchtecocktail, machten wir uns auf zur langen Fahrt nach Tsurphu. Im Auspuffrohr des Autos war ein Loch, weshalb sich der Innenraum mit Abgasen füllte. Lobsang kurbelte immer wieder das Fenster herunter, bis wir uns über die Kälte beschwerten, dann schloss er es wieder, bis wir uns über die Abgase beklagten. Schließlich kamen wir bei der kurvenreichen Straße an, die durch das Tal hinauf nach Tsurphu führte. Als wir vor dem Kloster anhielten, begrüßten die Mönche Steve, den man hier gut kannte. Wir mussten warten, bis die morgendlichen Rituale beendet waren, dann durften wir hineingehen. Ich schritt nervös im Vorhof auf und ab und fragte mich, warum mich dieser lebende Buddha hierhergerufen hatte, und was er mir wohl eröffnen würde. Sicherlich wusste er schon, dass ich draußen wartete.

Einige junge Mönche spielten Frisbee, was vor dem Tempel eines Buddha sicher unangebracht war. Doch als mir einer der Mönche die orangefarbene Scheibe zuwarf, fing ich sie auf und warf sie zurück. Ich war sicher, dass bald ein älterer Lama auftauchen und dieses Treiben beenden würde, aber in der Zwischenzeit rannten sie weiterhin umher und scherzten, als wäre das ein ganz gewöhnlicher Platz.

Bald läuteten Glocken und die großen Tore gingen auf. Hohe Lamas geleiteten unsere kleine Gruppe in den Tempel. Auf dem erhöhten goldenen Thron saß der Karmapa. Ich hatte ein strahlendes Wesen erwartet, aber er sah eher wie ein Junge aus, den man gezwungen hatte, Gäste zu empfangen, obwohl er viel lieber draußen mit den anderen Mönchen Frisbee gespielt hätte. Wir machten die traditionellen Niederwerfungen, gingen dann einzeln nach vorn, und der Junge pochte uns einer nach dem anderen mit dem metallenen Dorje an den Kopf.[17] Zu meiner Enttäuschung gab es keine plötzliche Erkenntnis. Diese äußere Zeremonie war bald vorbei, und wir wurden für unsere Unterredung in einen weiter innen liegenden Raum geführt.

Der Karmapa, immer noch in seine prachtvolle goldene Robe gehüllt, setzte sich auf einen Stuhl vor uns, mit Lamas zu beiden Seiten. Als er fragte, ob wir irgendwelche Fragen hätten, redete Steve. Offensichtlich wurde er hoch angesehen für seine Jahre des Dienstes bei dem vorherigen Karmapa, und er fragte nun, wann er mit dem erbetenen Englischunterricht beginnen solle. Sie sagten ihm, dass der Unterricht verschoben werden müsse, erklärten allerdings nicht, warum, nämlich dass sie seine Flucht aus Tibet planten.[18]

Dann wurde ich gefragt, „Haben Sie irgendwelche Fragen?"

Da ich abgeneigt war, irgendetwas zu sagen, weil ich sicher war, dass er bereits alles über mich wusste, einschließlich meiner momentanen Gedanken, wartete ich darauf, dass er sprechen würde. Ich wartete auf seine Botschaft, aber nach einer peinlichen Stille platzte ich heraus, „Eure Heiligkeit, ich bin gekommen, wie Ihr begehrt habt."

„Was?", fragte er mit einem Ausdruck der Überraschung in seinem Gesicht.

„Erinnert Ihr euch? Ihr habt mich gebeten, hierher zu kommen."

---

[17] *Dorje* (Tibetisch: Unzerstörbar, diamantähnlich; Sanskrit: *Vajra*). Ein Ritualgegenstand aus Metall mit Gabeln an beiden Enden, ein Ende symbolisiert die Erscheinungswelt des *Samsara*, das andere Ende das nur mit dem Geist zu erkennende erleuchtete Bewusstsein. In der Mitte ist ein Juwel, welcher *Sunyata* repräsentiert, die Leere, aus der alles entsteht. In der indischen Mythologie war Vajra eine Waffe, wird aber heute symbolisch benutzt und repräsentiert die Zerstörung von Illusion durch plötzliche Erleuchtung.

[18] Die Flucht des Karmapa (Ogyen Trinley Dorje) musste bis zur Nacht des 30. Dezember 1999 zurückgestellt werden.

Er schaute zu den beiden Lamas um Führung, aber sie zuckten mit den Schultern. Er schaute wieder zu mir und sagte, „Ich weiß nicht, wovon Sie reden".

War diese Reise nach Tibet eine Art kosmischer Scherz gewesen, fragte ich mich, als er mich mit leerem Blick anstarrte? Es gab nichts mehr zu sagen, und das Interview schien zu Ende zu sein. Die älteren Mönche verließen den Raum und auch der Karmapa erhob sich, um ebenfalls zu gehen. Zum Äußersten entschlossen, verstieß ich gegen das Protokoll, ging direkt auf ihn zu und sagte, „Also wenn Ihr mich nicht gerufen habt, warum bin ich dann hier?"

„Woher soll ich das wissen?", sagte er achselzuckend, drehte sich um und ging zur Tür hinaus.

Ich war fassungslos. Steve und die anderen waren schon hinausgegangen und ich folgte ihnen nun nach. Die jungen Mönche spielten immer noch Frisbee, und als sich einer anschickte, die Scheibe in meine Richtung zu werfen, schüttelte ich den Kopf. Mir war in einem solchen Augenblick nicht nach spielen zumute. Was mache ich hier eigentlich? Ich war geführt worden, nach Tibet zu kommen, um dieses Wesen zu treffen, aber warum? Vielleicht würde alles offenbart werden, wenn ich das wunscherfüllende Juwel fände.

Wir kehrten zum Auto zurück und fuhren bergab zur Hauptstraße, die sich in die weiten Ebenen Tibets schlängelte. Still betete ich,

Saint Germain, bitte übernimm das vollständige Kommando über diese Situation und offenbare den Zweck, für den ich hierhergebracht wurde.

ICH BIN Gott-geführt und Gott-befohlen. ICH BIN der Große Göttliche Direktor meines Lebens, meiner Aktivität und meiner Welt.

Die Schotterstraße schien kein Ende zu nehmen. Der Proviant war uns ausgegangen, da Steve und Karma beide dachten, der jeweils andere hätte die zweite Kiste in das Auto getan, aber sie war in Lhasa vor dem Hotel zurückgelassen worden. Am nächsten Tag war mein Magen ein leerer Hohlraum und meine Arme und Beine wurden vor Kälte taub. Ich affirmierte, *ICH BIN die Gott-Gegenwart, die mir etwas zu essen bringt.*

Plötzlich spürte ich die unverwechselbare Gegenwart von Sathya Sai Baba. Seine Gegenwart war so eindeutig wie damals, als ich vor Jahren in Indien vor ihm in seinem Aschram in Puttaparthi saß. Als ich fortging, hatte er gesagt, „Habe keine Angst, ich bin bei dir". Nun hatte er sein Wort gehalten.

„Baba, ich bin hungrig", sagte ich still.

„Mach das Handschuhfach auf", sagte er.

„Aber das ist nicht mein Auto; das kann ich nicht machen", wandte ich ein.

„Ich habe gesagt, ‚öffne das Handschuhfach'."

„Gut", sagte ich, befolgte seine Anweisung und drückte auf den Entriegelungsknopf. Die Klappe sprang auf und ich sah eine Packung Milchkekse.

„Das wird meinen Magen kaum voll machen", dachte ich.

„Iss einen", sagte er.

Ich öffnete die Verpackung, zog einen der dünnen Kekse heraus und sah quer über den Keks eingeprägt „BABA". Ich schaute die Verpackung an und sah, dass sie Baba-Kekse hießen. Der Keks löste sich in meinem Mund auf und hatte die Wirkung eines heiligen Abendmahls. Ich spürte eine Welle der Gnade von Sai Baba und damit einhergehend kam die Erkenntnis, dass die Nomaden, an denen wir gelegentlich vorbeifuhren, gut genährt aussahen, und dass sie Nahrung haben mussten, die sie mit uns teilen würden.

Wir fuhren um eine Kurve und sahen eine Gruppe dieser Nomaden. Einige von ihnen hüteten Yaks nahe einiger Jurten, und ich rief, „Halt an!"

Lobsang brauchte keine Übersetzung und fuhr an den Straßenrand.

„Steve, die haben bestimmt was zu essen. Bitten wir sie um etwas zu essen."

Alle stiegen aus, außer Betty, die auf dem Rücksitz blieb und mürrisch dreinschaute, während sie sich die neuen Kekse einverleibte. Aus den Jurten kamen Leute hervor, um nachzuschauen, was wir wollten.

Steve ging zu einem Mann, der vor einer Jurte stand und redete mit ihm. Dann winkte er. Der Mann warf ein Tierfell auf einen kleinen Haufen getrockneten Yakdungs und zeigte uns an, dass wir hier weich sitzen konnten. Als wären wir in einem Restaurant angekommen, kam sogleich ein hübsches tibetisches Mädchen aus der Jurte hervor mit einem Topf voll dampfend heißem Yakbuttertee und goss jedem von uns eine Tasse ein. Lobsang war zum Auto zurückgegangen und kam nun wieder zurück. Zu meiner großen Überraschung hielt er einen Leinensack voll *Tsampa,* geröstetes Gerstenmehl, das die Hauptnahrung des tibetischen Volkes ist. Er pflegte immer zu verschwinden, wenn wir aßen, und ich habe ihn auf der ganzen Reise nie essen gesehen. Er muss wohl alleine losgegangen sein, um dieses Tsampa zu essen, das unter seinem Sitz verstaut war. Der liebenswürdige Mann kniete sich nieder und zeigte, wie man das Mehl in den gesalzenen Yakbuttertee hineinrührt. Man formte eine Kugel, die man dann schnell in den Mund steckte. Das war köstlich und erinnerte mich an das Pablum-Müsli, mit dem mich meine Mutter als Zweijährigen immer gefüttert hatte. Später konnte ich es in keinem Geschäft mehr finden. Diese Nahrung, die mir von meiner Mutter verabreicht worden war, wurde mir nun wieder von Nomaden in Tibet gereicht.

Mein Körper begann sich zu erwärmen, und ich schaute zu dem Mädchen auf, das den Tee gebracht hatte. Sie achtete aufmerksam darauf, ob wir noch irgendetwas brauchten, und ihre Aufmerksamkeit erinnerte mich wieder an die Fürsorge, die ich durch meine Mutter erfahren hatte. Sie trug das traditionelle schwarze Kleid, mit einer farbenfrohen Schürze darüber. Ein Halsband mit Türkisklumpen verzierte ihren Hals. Ihre klaren Augen strahlten eine ungewöhnliche Schönheit aus. Anders als bei vielen schönen Frauen im Westen, deren kokette Art Teil ihrer Persönlichkeit ist, schien sie sich ihrer Schönheit nicht bewusst zu sein. In dieser rauen Umgebung, wo das Überleben weitgehend von Geschick, Stärke, Vertrauen und Mitgefühl abhängt, wird eine Eigenschaft wie Schönheit nicht so hoch geschätzt. Die buddhistische Kultur betrachtet die Anhaftung an solche vorübergehenden Qualitäten als eine der Ursachen für Unzufriedenheit und Unglücklichsein.

Ich fühlte mich plötzlich zu dieser Frau hingezogen, die eine so ungewöhnliche Verquickung von Stärke und Sanftmut war, dass ich mich fragte, wie ein Leben mit ihr wohl aussehen würde.

Ich fragte Steve, wie alt er sie einschätzte, und ob sie wohl ledig sei.

„Wieso, gefällt sie dir?"

„Nun, sie ist zweifellos schön."

Steve war an der Frau nicht interessiert, da er daran gedacht hatte, die Gelübde eines Mönchs abzulegen, wenn er nach Tsurphu zurückgekehrt sei. Aber ohne auch nur einen Augenblick zu zögern, rief er zu dem Mann, der uns willkommen geheißen hatte und wahrscheinlich der Vater des Mädchens war, „Ist Ihre Tochter ledig?"

Der Mann nickte und schob das Mädchen nach vorne. Sie begriff sofort, dass sie angeboten wurde und stand, schweigend auf den Boden blickend, mit geröteten Wangen da. Die anderen Nomaden, die uns beim Essen zugeschaut hatten, erkannten auch, dass sich das Leben dieses Mädchens, die zu ihrer Gemeinschaft gehörte, möglicherweise plötzlich ändern könnte. Diese Bergbewohner waren plötzliche Veränderungen gewohnt. Unfälle, Sterbefälle, wie auch Gelegenheiten dieser Art konnten ohne Ankündigung eintreten; und sie wussten, wenn eine Gelegenheit wie diese eintrat, musste sie ergriffen werden, bevor sie vorüberging. Das konnte die Gelegenheit sein, ein Preis-Yak zu verkaufen, oder es ergab sich eine vorteilhafte Heirat für die eigene Tochter.

Langsam tat sich vor meinem geistigen Auge eine neue Sicht auf mein Leben auf, eines, in dem ich nicht mehr auf einer spirituellen Suche war, sondern eine Arbeit hatte, um genug für den Unterhalt einer Frau und Kindern zu verdienen. Ich würde nicht mehr an Orte reisen können, die ich in der Vergangenheit besucht hatte, wie Indien, Ägypten und den Titicacasee. Es gäbe kein Meditieren mehr in meinem Schreinzimmer, das nun in ein Kinderschlafzimmer umgebaut war. Das Gästezimmer war nun das Heim ihrer Familie, die ich mitgenommen hatte. Natürlich ist es die Aufgabe des Ehepartners, den Eltern und Großeltern des Mädchens zu helfen, und für sie zu sorgen, während sie älter werden.

Die Vision löste sich auf, als ich aus diesem Tagtraum erwachte. Da das Mädchen gewahr wurde, dass die Gelegenheit vorbeigegangen war, ging sie zurück zu ihrem Vater. Steve und ich standen auf, dankten diesen Leuten für ihre Gastfreundschaft und gingen zurück zum Auto. Wir hatten bis Tidrum noch eine Stunde zu fahren. Das war der Retreat in den Bergen, wo Padmasambhava und seine Gemahlin Yeshe Tsogyal meditierten und sich gegenseitig lehrten.

Wir kamen schließlich in Tidrum an, wo wir eingeladen waren, im Nonnenkloster zu logieren. Einige der kräftigen Nonnen holten uns vom Parkplatz ab. Sie hievten unser Gepäck auf ihre Rücken und marschierten bergan zur Abtei. Als ich versuchte, mein Gepäck selbst zu tragen, lachte die Nonne und ging einfach weiter. Sie waren Bergmädchen und an die Höhe gut angepasst. Ich atmete heftig, und dabei hatte ich nur meinen eigenen Körper hinaufzutragen. Als wir im Kloster ankamen, räumten einige Nonnen einen Raum für uns frei.

Unterhalb des *Gonpa* (Tempel) war ein von Gletschern gespeister Bach, der das Gebirgstal hinuntertoste. Am gegenüberliegenden Ufer fand ich die heiße Mineralquelle, von der es hieß, dass Padmasambhava in ihr zu baden pflegte. Am Ufer war eine kleine Bucht ausgehöhlt, und in ihrer Mitte befand sich der Stein, auf dem er gesessen hatte. Ich watete in das warme Wasser und saß bald auf seinem Platz. Das inspirierte mich, seine Gegenwart anzurufen – den großen *Mahasiddha* herbeizurufen, der den Vajrayana Buddhismus nach Tibet brachte. Kaum hatte ich diesen Gedanken, erschien die ätherische Form von Padmasambhava. Seine Form verschmolz plötzlich mir meiner, und ich war Padmasamhava, der auf dem Stein saß wie in vergangenen Zeiten. Ich begann das Vajra Guru Mantra zu rezitieren, von dem er gesagt hatte, es sei der schnellste Weg zur Befreiung:

Om Ah Hung Vajra Guru Padma Siddhi Hung.
(Om Ahh Hoong Vaaj-ra Guru Paadma Siddhi Hoong).

Die Schwingungen des Sanskrit manifestierten das Bewusstsein der drei Welten von Körper, Sprache und Geist: *Om* ruft das transzendente Bewusstsein an; *Ah* ruft den Göttlichen Willen im Zentrum der Kehle an; *Hung* erweckt das Mitgefühl im Herzen; *Vajra Guru* ruft das blitzartige Bewusstsein des universellen Lehrers an, das augenblicklich befreien kann; *Padma* ist der Lotus der Göttlichen Mutter, die Quelle der Manifestation und die Grundlage der Weisheit, und das Mittel zur Kraft des Vollbringens wird mit *Siddhi* bezeichnet. Mit dem abschließenden *Hung* manifestiert sich der allwissende Guru als das Selbst.[19] Nach einer Weile zerstreute sich die Energie von Padmasambhava und die auf dem Stein sitzende Form erschien wieder als mein Selbst. Jedoch fühlte ich mich verändert und spürte, dass ich mitten in einem Mandala war, in dem sich alles vollkommen entfaltete.[20]

Die Sonne ging langsam unter, also kleidete ich mich an, stieg den Hügel wieder hinauf und fühlte mich tiefgreifend verändert. Die Nonnen hatten zum Abendessen liebenswürdigerweise *Momos* zubereitet, eine Art Knödel, die ich mit Genuss aß.

In dieser Nacht erschien mir der Meister Saint Germain in einem Traum und offenbarte mir ein vergangenes Leben, in dem wir beide zusammen Mönche in Tibet gewesen waren. Wir hatten das Bodhisattva-Gelübde abgelegt, um Erleuchtung zu erlangen, damit wir zum Nutzen anderer arbeiten konnten, nicht nur in jenem, sondern auch in künftigen Leben. Wir hatten nicht geahnt, dass er mir in ferner Zeit einmal im Redwood Forrest in Kalifornien erscheinen würde, um mich zu diesem Gelübde wiederzuerwecken. Er bot mir Befreiung an, aber nachdem er mir das Leiden der Welt aufgezeigt hatte, willigte ich ein, zu bleiben, um Ausbildung zu erhalten, damit ich ihm bei seiner Arbeit für die Menschheit von größerem Nutzen sein konnte.[21]

---

[19] Die genaue Bedeutung eines Mantra kann nicht übersetzt werden, da es eine Schwingung ist, die einen Bewusstseinszustand aktiviert. Das Vajra Guru Mantra hat viele unterschiedliche Interpretationen und Bedeutungsebenen; jedoch ist die Kenntnis dieser Bedeutungen nicht notwendig, um daraus Nutzen zu ziehen. Die Schwingung der Silben ist die direkte Manifestation des Geistes des allgegenwärtigen Guru.

[20] *Mandala* (Sanskrit: Kreis), ein kreisförmiges Muster, oft kunstvoll dargestellt, das visualisiert wird, um einen Kreis von Bewusstsein und Energie zu erzeugen, der jemandes Beziehung zu einem spezifischen Aspekt der Realität repräsentiert.

[21] Dieses Treffen, bei dem sich Saint Germain vor mir in physischer Form materialisierte, wird in meinem Buch *Abenteuer eines Westlichen Mystikers*, Band

Er erklärte, dass diese Reise nach Tibet nicht das Fiasco war, das es zu sein schien, sondern Teil dieser Ausbildung. Er sagte, er habe Guy Ballard (alias Godfre Ray King) einige der wesentlichen Lehren des Vajrayana in den 1930er Jahren gegeben, aber durch den Materialismus der damaligen Zeit war er daran gehindert worden, mehr als die Grundlagen zu geben. Nun wollte er, dass ich weitere Lehren preisgab, von denen viele in Tibet während der vergangenen 1200 Jahre erhalten geblieben waren. Er wollte diese Lehren über die Natur des Geistes und die Meisterschaft über die illusionären Phänomene klar und deutlich vermittelt haben, frei von den kulturellen Verflechtungen in Asien, und in einer Weise, die Westler leicht verstehen können. Er sagte, indem er mich zu dem Schauplatz brachte, an dem ich diese Lehren in einem vergangenen Leben erhalten hatte, würde deren Essenz, die immer noch latent in meinem Verstand vorhanden sei, spontan hochkommen.

Saint Germain endete, indem er sagte, „Mein Junge, ich weiß, du fühlst dich oft allein, aber du sollst wissen, dass ich dir in dem Ausmaß helfe, wie es mir möglich ist, ohne in die Herausforderungen einzugreifen, die zu deiner Erlangung von Weisheit nötig sind".

Kurz vor dem Morgen hatte ich einen weiteren Traum, in dem ich das Gesicht eines hochgewachsenen *Naljorpa* (Yogi) mit auf dem Kopf aufgerollten Rastalocken sah. Seine Augen durchdrangen meine und er sagte, „Ich warte".

2, geschildert. Darin werden auch weitere Lehren der Aufgestiegenen Meister gegeben, die durch direkten inneren und äußeren Kontakt übertragen wurden.

Dakini Khondro Tsering Chödrön

KAPITEL 7

BEGEGNUNG MIT EINEM NALJORPA

Am nächsten Morgen stand ich früh auf, und da es kalt war, wickelte ich mich in meinen Chuba. Ich fühlte einen Drang, den Pfad auf der anderen Seite des Flusses hinaufzugehen, der weiter in die Berge führte. Es war das, was man Bauchgefühl nennt, wenngleich es aus der Mitte meiner Brust kam. Ich wusste wohl, wie die Meister anzurufen sind, hatte jedoch gelernt, dass in den meisten alltäglichen Situationen Führung durch das Befolgen dieses inneren Gefühls erfolgt. Nach einer halben Stunde Aufstieg machte ich Halt, um zu verschnaufen und der aufgehenden Sonne über den Spitzen des Himalaya zuzuschauen. Ich hatte bald das Gefühl, beobachtet zu werden. Ich schaute umher und sah weiter oben am Hang eine Höhle. An deren Eingang starrte mich ein Mann mit Rastalocken an. Das musste der Naljorpa sein, den ich in meinem Traum gesehen hatte, eines der seltenen Wesen, die in abgelegenen Teilen Tibets leben. Das musste es sein, wohin mich die Gegenwart geführt hatte.

Ich hatte gehört, dass diese Yogis die Sechs Yogas des Naropa praktizieren, wobei die Erzeugung innerer Hitze (*Tummo*) nur die erste Übung zur vollständigen Meisterschaft von Körper und Geist ist.[22] Steve hatte gesagt, dass Naropa, als er seine spirituelle Suche begann, zwölf Prüfungen durchlebte, von denen jede eine unerlässliche Lektion lehrte. Nachdem er seinen Guru Tilopa getroffen hatte, durchlebte er zwölf weitere größere Prüfungen, die ihn schließlich auf die Meisterschaft vorbereiteten.

---

[22] Naropa (1016-ca.1100 n.Ch.), Schüler von Tilopa, dem spirituellen Gefährten der Niguma. Nachfolgende Schüler seiner Lehre waren Marpa und sein Schüler Milarepa.

Fasziniert von der starken, doch heiteren Energie dieses Yogi, plagte ich mich in dem losen Geröll nach oben, bis ich vor ihm stand. Er saß im Lotussitz auf einem abgeflachten Felsblock und war nur bekleidet mit einem Lendenschurz und einem dünnen Schal um seine Schultern. Während ich mich näherte, starrte er fortwährend und winkte mir dann zu, dass ich mich an seine Seite setzen solle. Ich saß an der Kante seines Felsblocks und hatte die Füße auf dem eisigen Boden.

Bald war ich in eine Decke aus Wärme gehüllt. Der Yogi sagte nichts, aber ich fühlte mich so warm, dass ich meine Chuba auszog. Dies war die erste Technik des Tummo, von der ich gehört hatte, die als der erste Yoga von Naropa bekannt ist, und ich fragte mich, ob er sie mich lehren würde. Bei den kalten Wintern zu Hause wäre sie gewiss sehr nützlich. Kaum war mir dieser Gedanke durch den Kopf gegangen, sagte er, „Ja, ich könnte dich das lehren, aber du musst drei Jahre im Retreat ohne Heizung oder warmes Wasser üben. Du kannst hier in meiner Höhle wohnen. Da ist reichlich Platz. Bist du bereit?".

Als ich mit diesem Gedanken spielte, sagte er, „Die Leute sagen, sie wollen in den Retreat gehen, aber wenn ich ihnen einen Platz anbiete, sagen sie, sie werden darüber nachdenken, kommen dann aber nicht zurück. Schau dich nur um. Vielleicht willst du ja bleiben", lachte er.

Ich erhob mich und betrat die Höhle. Auf einer Seite war eine mit einem Baumwollschal bedeckte Matte, und ein Stein diente als Schrein, auf dem ein Bild von Padmasambhava und seiner Gefährtin Yeshe Tsogyal stand. Daneben befanden sich eine Glocke, ein Dorje und einige Texte auf losen Blättern. Es gab keine Kochutensilien, und ich fragte mich, ob er einer jener Yogis war, die ihre Nahrung direkt aus der Quelle aufnahmen.

Ich ließ mich im hinteren Teil der Höhle nieder und stellte mir vor, wie es hier auf Retreat wäre und ich nur von Tsampa lebte. Ich zog meinen Chuba um mich, da es kalt geworden war, sobald ich mich von seiner Gegenwart entfernt hatte, und richtete meine Aufmerksamkeit nach innen. Ohne Ablenkungen kam ich leicht in Meditation und war bald frei von Gedanken. Mühelos fand ich mich bald frei von Körperwahrnehmung, frei vom Selbst – war einfach Wahrnehmung, die Lichtwellen beobachtete, die durch die grenzenlosen Weiten des Raumes flossen – alles war durchdrungen von dem allesbeherrschenden Dröhnen des kosmischen OM, wie von einer allgegenwärtigen Tambura. Es gab nur das Sein – und Bewusstsein, Weisheit und Glückseligkeit.

Wie lange dieses Eintauchen in das reine Sein anhielt, weiß ich nicht, aber nach einer Weile nahm ich mich wieder als Beobachter wahr, von mir Selbst und anderen. Da waren andere nicht-physische Intelligenzen, mit denen ich in mentalem Kontakt war, und als ich hinunterschaute, sah ich die blaue Kugel der Erde. Das hatte ich vor der Geburt in diese Lebenszeit erlebt. Nachdem ich fokussierter geworden war, begann ich dieses vertraute brüderliche Gefühl des Meisters Saint Germain zu fühlen, und als ich nach oben schaute, sah ich seine ätherische Form in weißer Robe. Neben ihm war der Meister Jesus, und auf der anderen Seite ein weibliches Wesen, das ich als Nada wiedererkannte.

Sie lächelten und ich nickte ihnen erwidernd zu. Ich spürte nur Liebe – ohne inneren Zwang, mich verbeugen zu müssen, wie es Religionen lehren. Sie wollten keine religiöse Verehrung, sondern waren nur von dem Wunsch erfüllt, die Menschheit von Unwissenheit zu befreien und jeden Menschen zu seinem eigenen wahren Meisterpotential zu erwecken.

Langsam begannen diese edlen Wesen zu verblassen und ich wurde mir wieder eines Körpers gewahr – einem Schmerz im Fußgelenk von einem Kieselstein, auf dem es gelegen hatte. Ich bewegte es und streckte meine Beine und kam wieder ganz zurück in die relative Welt. Ich dachte darüber nach, dass es in diesem Bewusstsein des Einen keinen Drang gegeben hatte, Affirmationen zu sprechen oder etwas veranlassen zu wollen. In diesem Zustand des Seins hätte sich jeder Gedanke sofort manifestiert, aber es gab keinen Gedanken.

Ich trat aus der Höhle heraus, gerade als die Sonne über dem Berggrat aufstieg, und der Naljorpa fragte, „Bereit für den Retreat?".

Ich schüttelte den Kopf, denn ich wusste, dass ich noch Arbeit in dieser Welt zu tun hatte. Ich dankte ihm mit einem der wenigen tibetischen Sätze, die ich wusste, *„Tashi delek",* was bedeutet, „Möge das Glück bei dir sein".

Ein kalter Windstoß wehte um die Kuppe herum und meinen Hals hinunter, und ich zog die Kordeln enger, die die Falten meines Chuba zusammenhielten, und begann mit dem Abstieg. Ich hatte mich viele Jahre lang gefragt, ob es irgendwo in den Bergen immer noch so legendäre Wesen gab wie diesen Naljorpa, nun wusste ich es.

KAPITEL 8

MAHAKALA KOMMT ZURÜCK

Die Nonnen hatte heißen Tee und Tsampa auf unsere Zimmer gebracht, die ich zu einer köstlichen Mahlzeit zusammen-mischte. Nachdem wir gegessen hatten, gingen wir zu den Nonnen in deren Schreinraum, wo sie gerade mit ihrem täglichen Brauch begannen. Betty saß zusammen mit Karma und den Nonnen auf einer Seite, während Steve, Lobsang und ich auf der anderen Seite saßen. Vom Altar stiegen Weihrauchschwaden auf und trugen unsere Gebete zu den Göttern. Sporadisch erklangen Trompeten und die Trommeln schlugen einen Rhythmus von solcher Art, dass der Versuch des Verstandes, einen Gedanken zu fassen, ausgeschaltet wurde. Ich wurde von der Stille erfasst und mein Atem begann sich zu verlangsamen.

Plötzlich schielte die schreckenerregende Form von Mahakala noch einmal lüstern auf mich herab.

„Im Namen des lebendigen Christus befehle ich dir fortzuge-hen", schrie ich, aber er warf seinen Kopf zurück und lachte.

„Lieber Gott, bitte hilf", rief ich aus.

„Es gibt keinen Gott außerhalb deines Verstandes", höhnte er.

Seine Augen wurden vor innerem Feuer grell, als er sein Schwert erhob, vielleicht, um auch meinen Kopf zu der Sammlung von Schädeln hinzuzufügen, die er um seinen Hals trug.

Eine Stimme an meiner Seite sagte, „Wende deine Aufmerksam-keit nach innen".

Neben mir erkannte ich den Naljorpa von meinem Besuch der Höhle am Morgen. Er wiederholte, „Wende deine Aufmerksamkeit nach innen in das Zentrum deines Seins und sieh, was sich zeigt".

Ich erinnerte mich an die Angst vor der Dunkelheit draußen, bei der Hintertür, wenn meine Mutter von mir als Kind verlangte, nach dem Abendessen den Abfall hinauszubringen. Ich ging dann in die Dunkelheit hinaus und stieg die Treppe hinunter. Der Deckel der Abfalltonne klemmte immer. Während ich versuchte, ihn aufzubekommen, bewegte sich immer etwas im Gebüsch. War es ein im Wind raschelnder Zweig, oder war es ein böser Dämon? Ich zerrte dann den Deckel herunter, warf den Abfall hinein und rannte die Treppe wieder hinauf ins Licht in der Küche.

Ich erinnerte mich auch daran, wenn ich im Bett lag und spürte, dass etwas im Raum war. Wenn es näher kam, zog ich das Bettlaken über meinen Kopf, in der Hoffnung, dass es, was auch immer es war, fortginge. Dann erinnerte ich mich an ein vergangenes Leben, in dem ich ein mächtiger Schamane gewesen war, der einen Dämon erschaffen hatte, um jene einzuschüchtern, die meiner Familie Leid angetan hatten. Tatsächlich ähnelte er genau diesem Dämon.

„Spüre dein Herz", flüsterte der Naljorpa, „nur deine Liebe wird dich beschützen".

Ich schaute hinauf in das Gesicht dieses lebenden Mahakala und erkannte, dass ich die Energie dieses Yidam vor langer Zeit erschaffen hatte, der nun als Mahakala erschien. Ich hatte meine Angst in dieses Erscheinungsbild projiziert. Es nahm während vieler Leben unterschiedliche Formen an. Es war jenes, das immer bei den Abfalltonnen auf mich wartete, das nachts in meinem Schlafzimmer spukte, und das mir immer die Energie abzog, wenn ich einen gruseligen Film ansah. Es war meine Schöpfung, die ich durch meine Angst aufrechterhielt. Ich war von Traurigkeit erfüllt über diesen vernachlässigten Teil meines Selbst.

„In all den vielen Leben hattest du mich verfolgt. Nun treffen wir uns endlich, und ich sehe, dass ich dein Schöpfer bin. Mit der Kraft Gottes, die ICH BIN, löse ich dich nun auf".

Erschrocken stolperte der Dämon einen Schritt zurück.

Als ich meine Aufmerksamkeit auf Liebe lenkte, spürte ich eine goldene Sonne in der Mitte meiner Brust. Von dieser Sonne entsandte ich einen Lichtstrahl in diesen Teil meines Selbst, der als Mahakala erschien, und durchstach dessen Herz. In einer Visualisierung umhüllte ich ihn mit einer leuchtenden goldenen Aura, die von rosa Licht umgeben war. Sein Gesicht veränderte sich; er war nicht mehr furchterregend, sondern friedlich. Als ich damit fortfuhr, diese greifbare Liebessubstanz zu senden, trat er zurück. Eine Welle des Mitgefühls ging zu ihm hinaus und ich sagte, „Ich liebe dich".

Einen kurzen Augenblick lang sah er fast menschlich aus, faltete dann seine Hände zum Gebet, verbeugte sich und war fort.

In meiner Brust war ein Schmerz. Als ich mich umschaute, sah ich, dass ich auf dem Boden lag und einige Nonnen zu mir herunter schauten. Steve saß neben mir und drückte auf mein Brustbein. Als ich in Meditation versunken war und mein Atem sich verlangsamt hatte, war ich bewusstlos geworden. Die strenge leitende Nonne drohte mit ihrem verwitterten Finger, "Keine Meditation mehr für dich".

Ich hielt nach dem Naljorpa Ausschau, aber er war fort. Er war wohl in seinem Lichtkörper da gewesen. Oder er war vielleicht nur in meinem Geiste da gewesen – dort, wo auch der Dämon war.

KAPITEL 9

DIE ESSENZ DES TANTRA

U m wieder zu vollem Körperbewusstsein zurückzufinden, ging ich zu dem Bach hinunter, in der Absicht, meine Kleidung abzulegen und in das warme Wasser des Bassins zu steigen, in dem Padmasambhava zu baden pflegte. Aber als ich dem Bach näher kam, sah ich den Naljorpa auf der anderen Seite, er ging flussaufwärts, drehte sich um und schaute über seine Schulter, als wollte er, dass ich ihm folgte. Ging er zu seiner Höhle zurück?

„Warte", rief ich und ging über die Fußgängerbrücke, um ihn einzuholen. Als ich flussaufwärts schaute, war er fort. Der Gedanke, in den Fluss zu steigen, verschwand und ich ging weiter bergan. Ich wollte von ihm mehr darüber wissen, was an diesem Morgen geschehen war. War er wirklich neben mir gewesen, oder war er nur in meinem Geiste? Vielleicht war er es, von dem ich die Lehren bekommen sollte, von denen Saint Germain wollte, dass ich sie dem Westen verfügbar machte?

Ich folgte ihm weiterhin bergan und die Berge zu beiden Seiten rückten näher. Er konnte nirgendwo anders hingehen, außer geradewegs den Pfad hinauf. Als ich ein gutes Stück nach der Abzweigung zu seiner Höhle einen Grat erreichte, sah ich ihn wieder weit vor mir auf einem Pfad hochgehen, der links den Berg hinauf führte. Wohin ging er? Ich dachte, für einen Mann, der, wie es aussah, nichts aß und barfuß über zackige Felsen lief, bewegte er sich schnell wie eine Bergziege.

Einige Stunden später erschien vor mir ein heruntergekommenes Kloster, und ich fühlte mich wie von einem Magneten dort hingezogen. Als ich ankam, sah ich, dass das Tor offen stand. Als ich hineinging, war der Hof leer, also ging ich dem Klang der Trommeln, Trompeten und dem klirrenden Aneinanderschlagen schwerer

Zimbeln folgend zur schweren hölzernen Tür des Schreinraumes. Ich zögerte einzutreten, da ich das laufende Ritual nicht stören wollte. Vielleicht war es eine Zeremonie, zu der Außenstehende nicht zugelassen waren und die irgendeine Einführung erforderte, aber als ich dastand, spürte ich, dass ich aus irgendeinem Grund hierher geführt worden sein musste. Ich schob die Tür auf und ging hinein.

Statt unbemerkt von hinten einzutreten, wie es beim Betreten einer Kirche der Fall gewesen wäre, fand ich mich vor einer Versammlung von Mönchen stehend. Sie saßen links und rechts von der Mitte auf Bänken, und ich stand da nun vor ihnen. An dem gegenüberliegenden Ende des Tempels befand sich eine goldene sitzende Statue von Padmasambhava, und unter ihr der hohe Lama, der mir zuwinkte, ich solle eintreten. Obwohl ich erschrocken war, mich mitten in diesem Ritual stehend wiederzufinden, schaute kein einziger der Mönche von seinem Text auf, noch verlangsamte sich das Schlagen der Trommeln. Ich wollte mich dem Ausgang zuwenden, doch fühlte ich mich wie angewurzelt an den Steinboden. Als ich meine Angst überwunden hatte, erkannte ich, dass ich mich niederwerfen sollte. Meine amerikanische Erziehung rief, „Alle Wesen wurden gleich erschaffen, verbeuge dich vor niemandem". Doch mein Höheres Selbst übernahm die Führung und ich warf mich mit dem Gesicht nach unten auf den Boden, die Arme über dem Kopf ausgestreckt, wie ich es bei Pilgern vor dem Jokhang-Tempel in Lhasa gesehen hatte. Ich empfand ein unerwartetes Behagen, als wenn gewisse Blockaden entfernt worden waren, was der spirituellen Energie erlaubte, durch meinen ganzen Körper zu strömen. Dann richtete ich mich auf, stand bewegungslos da und fragte mich, was als nächstes zu tun war.

Als wäre es die Antwort auf meine Unsicherheit, winkte mich ein Mönch, der auf einer Bank auf der linken Seite saß, zu einem freien Sitzkissen neben ihm. Als ich mich setzte, erschien ein junger Mönch, kaum älter als ein Junge, mit einer Tasse Yakbuttertee, die er vor mir hinstellte. Als ich an der salzigen heißen Flüssigkeit schlürfte, gab es einen Stoß aus zwei sechs Meter langen Hörnern.

Trompeten, die aus menschlichen Schenkelknochen gefertigt waren, ertönten überraschend, begleitet vom hellen Klang der Zimbeln und pochenden Trommeln, und ich spürte, wie sich alle rationalen Gedankenprozesse auflösten. Sobald ein Gedanke aufkam, wurde er verscheucht. Ein anderer Gedanke versuchte hochzukommen, aber auch er wurde aufgelöst, platzte wie eine Blase, die mit einer Nadel angestochen wurde. Dann kamen keine Gedanken mehr auf. Die Tibeter hatten irgendwie herausgefunden, wie der Geist arbeitete. Vor tausend Jahren hatten sie, ohne wissenschaftliche Laboratorien, Klänge gefunden, die die Wellen sich wiederholender Gedanken ebneten. Alle analytischen Gehirnfunktionen hörten auf und übrig blieb nur Gewahrsamkeit.

Plötzlich begann das Mantra, und hundert Mönche sangen die Sanskritworte, von denen Padmasambhava gesagt hatte, dass sie Erleuchtung erzeugten, wenn man sie mit Aufmerksamkeit und Hingabe rezitiert:

Om Ah Hung Vajra Guru Padma Siddhi Hung.

Als sie das immer wieder sangen, stimmte ich ein und fühlte, wie der Geist vollständiger in meinen Körper kam. Als sich meine Augen schlossen, nahm der Naljorpa, der mich zuvor abgehängt hatte, plötzlich auf dem Kissen neben mir Platz. Als ich mich ihm ehrfürchtig zuwandte, lenkte er meine auf ihn gerichtete Aufmerksamkeit weiter zur Statue von Padmasambhava, den die Buddhisten Guru Rinpoche (der Guru, der ein Kostbares Juwel ist) nennen. Dann klopfte er mit seinem Finger auf meine Brust und sagte, „Gott, Guru, Selbst, alles eins".

Dann nahm er die Mala von seinem Hals, nahm eine Perle zwischen Daumen und Zeigefinger und begann zu singen. Mit jeder Wiederholung nahm er eine nächste Perle der Mala.

Ich rezitierte weiter, während ich mich auf den Guru als einen Aspekt von mir selbst konzentrierte, dass der lebende Padmasambhava vor mir saß, doch sein Bewusstsein und meines eins waren. Die bis dahin regungslose Statue schien lebendig zu werden, und Energie von seinem Körper schien mein Wesen zu durchdringen. Als ich den Klang *Om* hörte, schoss ein weißer Lichtstrahl aus seiner Stirn in meine, und das Sanskritsymbol dieses Wortes erschien mitten in meinem Kopf. Aus diesem *Om* ergossen sich zum Wohl aller fühlenden Wesen Lichtstrahlen in den grenzenlosen Raum.

Als nächstes kam der Klang *Ah*, und ein Strahl rubinfarbenen Lichts aktivierte mein Halszentrum, und dessen Symbol erschien ebenfalls und strahlte rotes Licht aus. Danach kam *Hung*, und aus dem Herzen von Guru Rinpoche floss blaues Licht in mein Herz. Dieser saphirblaue Sanskritbuchstabe zeigte sich in meinem Herzen, strahlte blaues Licht in den Raum, und mein Herz wurde von Mitgefühl erfüllt.

Die Form von Guru Rinpoche wurde heller und wurde allmählich zu einem Wesen reinen Lichts. Strahlen der Weisheit, der Ermächtigung und des Mitgefühls erstrahlten grenzenlos. Dann löste sich seine Form zu einer goldenen Kugel auf, und diese Kugel trat in mein Herz ein.

„Oh, ICH BIN Guru Rinpoche", keuchte ich und erkannte schließlich, was der Naljorpa mit seiner Aussage gemeint hatte, dass Gott, Guru und das Selbst eins sind. Nicht nur mein Selbst, sondern das Selbst von jedem anderen sind Gott und Guru, der universelle Guru, der überall ist, und den man das Kostbare Juwel nennt.

Im Raum wurde es still, was beinah erschreckend war, nach all dem unaufhörlichen Lärm der Trommeln, Hörner und Zimbeln. Ich wandte mich dem Naljorpa zu, um ihn zu fragen, was als nächstes zu erwarten war, aber er war fort, vielleicht entschlüpft, während ich die Augen geschlossen hatte. Ich stand auf und hoffte, ihn draußen zu finden, um ihm zurück zur Höhle zu folgen, aber als ich das

Kloster verließ, war da keine Spur von ihm. Ich wollte mit ihm über diese tantrischen Praktiken sprechen und herausfinden, was am Morgen im Schreinraum des Nonnenklosters geschehen war. Da ich jedoch vorher schon mal bewusstlos geworden war, wollte ich nicht riskieren, in den Bergen umherzuwandern und zu versuchen, seine Höhle zu finden. Ich hatte Hunger und begann meine Wanderung den schroffen Pfad hinunter und hoffte, dass noch reichlich Tsampa vorhanden war.

Om Ah Hung

KAPITEL 10

ZUFLUCHT NEHMEN

A ls ich zum Frauenkloster zurückkehrte und Steve erzählte, wo
ich gewesen war, und von dem mysteriösen Naljorpa berichte-
te, dem ich dort begegnet war, sagte er, „Das hört sich nach Shun-
yata Dorje (Leerheit Blitzstrahl) an, nur dass er vor zwanzig Jahren
einen Schwur des Schweigens ablegte."

Als ich sein Erscheinen beschrieb und die Lage seiner Höhle,
sagte er, „Das ist er ganz bestimmt, denn es leben keine anderen
Yogis in der Nähe. Die ernst zu nehmenden Yogis leben auf der
anderen Seite des Berges und kommen nie auf diese Seite. Die
Energie der Touristen ist nicht nach ihrem Geschmack".

Er fuhr fort, „Wenn du es mit dem Buddhismus ernst meinst
und an weiteren Praktiken teilnehmen willst, so wirst du *Ngöndro*
abschließen müssen, die vorbereitenden Praktiken. So machst du
dich wenigstens nicht lächerlich. Aber bevor ich dich das lehren
kann, musst du Zuflucht nehmen."[23]

„Ich glaube, ich habe Zuflucht zu einem Lama genommen, der
Mount Shasta vor Jahren besucht hatte", sagte ich, und erinnerte
mich daran, dass dieser, bevor er die Grüne Tara-Ermächtigung
gegeben hatte, von uns verlangt hatte, einige Verse auf Tibetisch
wiederzugeben.[24] Mich zu einer Religion zu bekennen, machte mich

---

[23]   Zuflucht nehmen bedeutet nicht, in die Abgeschiedenheit zu gehen,
sondern den Vorgang des sich Bekennens zum buddhistischen Pfad des Erwachens, symbolisiert durch die Drei Juwelen: Buddha, Dharma und Sangha. Der
Buddha ist der Spiegel der eigenen erwachten Natur, der Dharma ist der Inhalt
der Lehre und ihre Anwendung, und Sangha ist die Gesellschaft anderer erwach-
ter Wesen, die einen in der Praxis bestärken.

[24]   Die Grüne Tara (Die grüne Befreierin; d. Übers.) ist eine der einund-
zwanzig weiblichen Aspekte des erleuchteten Geistes. Sie repräsentiert Erfolg bei
Unternehmungen, insbesondere das Streben nach Befreiung. Sie wird die Mutter

nervös, denn ich erinnerte mich an die High School, als ich von einem Geistlichen durch einen Trick dazu gebracht wurde, ein Presbyterianer zu werden, indem er mich zwang, das Apostolische Glaubensbekenntnis aufzusagen, welches festlegte, dass ich an Jesus als den einzigen Sohn Gottes glaubte, dass er für meine Sünden gestorben sei und nun auf der rechten Seite des Vaters saß. Später hatte ich eine ähnliche erzwungene Bekehrung, als ein indischer Junge, der sich Guru Maharajji nannte, mich mit einem Trick dazu brachte, ihm Loyalität zu schwören. (Die ganze Geschichte ist in meiner Autobiografie, *Abenteuer eines Westlichen Mystikers,* Band I, *Suche nach dem Guru,* zu lesen).

Steve versuchte meine Ängste zu beschwichtigen, indem er sagte, „Du schwörst nicht Treuepflicht gegenüber einer Person oder Kirche, nur gegenüber der Durchführung des Erwachens. Es wäre besser, du nähmst Zuflucht zu deinem Wurzel-Lama, aber da du keinen Wurzel-Lama hast, und ich das dreijährige Retreat gemacht habe und technisch ein Lama bin, kann ich dir Zuflucht geben".

Steve war in den späten 1960er-Jahren ein Surfer gewesen, und lebte mit seiner Freundin glücklich in Maui, als ein tibetischer Lama ankam und einen Vortrag hielt, wie man dem Leiden entkommen konnte. Da er ein gutes Leben hatte, wollte er nichts über das Leiden hören, aber seiner Freundin gefiel die Lehre. Sie mochte auch den Lama und ging mit ihm von Maui fort. Dann verwandelte sich Steves Leben eines Surfers in ein Leben des Leidens, und er hatte Gelegenheit, die neue Lehre anzuwenden. Er fing an, Buddhismus und andere spirituelle Lehren zu studieren, denn nun musste er

---

aller Buddhas genannt und die Retterin, die das Leiden auslöscht. Man sagt, dass sie in einem früheren Leben als Yeshe Dawa (Mond des ursprünglichen Bewusstseins) gerade meditierte, als einige Mönche sie ansprachen und meinten, sie würde schnellere Fortschritte machen, wenn sie sich als Mann wiederverkörpere. Verärgert schwor sie, dass sie nicht nur als Frau Befreiung erlangen würde, sondern solange in der Verkörperung einer Frau bleiben würde, bis alles Samsara (Illusion) beendet sei.

nicht nur sein Herz heilen, sondern auch seinen Groll auf den Lama, der ihm seine Freundin weggenommen hatte.

Bald nachdem er seine Freundin verloren hatte, starb sein Vater, und er hatte genug Geld, um auf der Suche nach Wahrheit die Welt zu bereisen. Er reiste im folgenden Jahr von Land zu Land auf der Suche nach Jemanden, der ihm helfen könnte, sein Gefühl der Leere zu lindern. Schließlich fand er sich in Südindien im Aschram von Sathya Sai Baba wieder. Nach langem Warten in der drückend heißen Sonne sprach Sai Baba ihn an, „Ich bin nicht dein Lehrer. Dein Lehrer ist Tibeter, und du wirst ihn in einem Jahr treffen".

Auf den Tag genau nach einem Jahr hatte er eine Audienz bei dem Sechzehnten Karmapa, der Steve sagte, dass er ihn erwartet habe. Der Karmapa gab ihm Zuflucht und nach seinem Abschluss des einführenden Ngöndro begann er ein dreijähriges Retreat. Während dieser Zeit halfen ihm die Praktiken, die man ihm gegeben hatte, seinen Verdruss in Gelassenheit, Weisheit und Mitgefühl zu verwandeln. Er lernte auch ausreichend Tibetisch, um sich schließlich als Reiseleiter in Tibet einen Lebensunterhalt zu verdienen.

Er erklärte nun, dass Zuflucht nicht bedeutete, sich von allem zurückzuziehen, sondern das vollständige Annehmen des Lebens, damit man die Polaritäten des Bewusstseins erschauen kann, das Licht im Dunkel, die Fülle in der Leere, das Gute im Schlechten, um zur wahren Natur der Wirklichkeit erwachen zu können. Man nimmt Zuflucht nicht vor dem Leben, sondern vor der Unwissenheit. Man schwört, nach dem Erwachen durch die Drei Juwelen zu streben, symbolisiert durch den Buddha (voll erwachtes Bewusstsein), den Dharma (die Lehre und deren Ausübung), und den Sangha (Verbindung mit anderen auf dem gleichen Weg). Der Sangha schließt auch andere erwachte Wesen mit ein, Buddhas und Bodhisattvas (was man im Westen die Große Weiße Bruderschaft nennen würde).[25] Mit anderen Worten, man verpflichtet sich vollständig dem Pfad der Erleuchtung.

„Fangen wir ganz am Anfang an, mit der Ausführung des Niederwerfens", fuhr Steve fort.

„Oh ja, ich habe gerade eine Niederwerfung im Kloster vollbracht."

„Gut, dann hast du nur noch 99.999 übrig."

„Wie bitte?"

„Der erste Teil der einführenden Praktiken sind 100.000 Niederwerfungen, und jede schließt eine Visualisierung und zwei Gebete ein, ein Gebet auf dem Weg nach unten, ein weiteres auf dem Weg nach oben."

Sofort erschienen mir die presbyterianischen und hinduistischen Einweihungen nur noch als bloße Unbequemlichkeiten, im Vergleich zu diesem buddhistischen Brauch. Es wurde sogar noch schlimmer, als er sagte, „Das ist nur der Anfang. Es gibt drei weitere Teile bei dieser einführenden Praxis namens *Ngöndro*, und du musst jede 100.000 Mal ausführen."

Ich war nicht begeistert, dieses Ngöndro auszuführen, aber ich dachte, es wäre gut, wenn ich wenigstens lernen würde, wie man

---

[25] „Die Große Weiße Bruderschaft" ist eine Bezeichnung, die erstmals 1925 auftauchte in *The Masters and the Path*, (Dt.: *Die Meister und der Pfad*), von C. W. Leadbeater, einem Mitglied der Theosophischen Gesellschaft. Diese Bezeichnung ist jedoch eine irreführende Bezeichnung, da die ätherischen Meister, die ihre Mitglieder sind, männlich und weiblich sind. Auch betrachten sie sich nicht als ‚great', also großartig [im Englischen; d. Übers.]. Weiß bezieht sich auf das Licht, das sie ausstrahlen sowie auf die Farbe ihrer Roben, in denen sie oft erscheinen, nicht auf ihre Rasse. Ein besserer Name wäre wohl „Gemeinschaft des Lichts", eine Bezeichnung, die im achtzehnten Jahrhundert von dem bayerischen Autor Karl von Eckartshausen verwendet wurde.

Niederwerfungen korrekt ausführt, für den Fall, dass ich noch an weiteren buddhistischen Ritualen teilnehmen würde.

„Als Erstes", begann Steve, „versteh das nicht als Leibesübung. Es ist eine Praxis, die für sich genommen Erleuchtung herbeiführen kann. Vor der Erleuchtung kommt jedoch Demut, und die Entwicklung dieser Demut ist eine der vorrangigen Ziele dieser Praxis. Du machst dem Buddha nicht vor, wie demütig du bist, indem du dich zu seinen Füssen niederwirfst, sondern du eliminierst die Arroganz des Ego, indem du es dazu zwingst, anzuerkennen, dass es etwas Höheres gibt als es selber. Das Ego ist es, das du in Unterwerfung vor deiner eigenen Buddha-Natur zur Verbeugung zwingst. Wenn du diese Praktik ausführst, wirst du feststellen, dass alle möglichen negativen Gedanken hochkommen, wie Ungeduld, Verdrossenheit und Ärger. All das sind Aktivitäten des Ego, das kämpft, um an seinem Griff festzuhalten. Lass alles hochkommen; beobachte es, und dann lass es los. Allmählich wird nur noch Gelassenheit übrigbleiben.

„Nun stell dir einen Baum voller Buddhas vor dir vor. Die Wurzeln sind die Wurzeln deines Bewusstseins, verankert im Boden der absoluten Realität. Der Stamm bringt individuelle Buddhas hervor, die Manifestationen dieser absoluten Realität sind. An jedem Ast ist ein weiterer Buddha, auf diese Weise repräsentiert der Baum all die Abstammungslinien, erleuchteten Lehrer und ihre Lehren. Im Neuen Zeitalter mag dieser Baum als die Hierarchie oder die ‚Große Weiße Bruderschaft' bezeichnet werden. Natürlich löst sich der Baum am Ende zu Licht auf und du erkennst, dass du der Baum bist mit allem, was an ihm ist.

„Du machst diese Niederwerfungen nicht alleine, sondern zusammen mit Hunderten, sogar Tausenden anderer Wesen. Zu deiner Linken ist deine Mutter und alle weiblichen Verwandten, lebende und verstorbene, und zu deiner Rechten ist dein Vater und alle männlichen Verwandten, lebende und verstorbene; ohne deine Verwandten wärst du nicht hier. Deine Freunde sind auch da und stehen hinter dir, und auch deine Geschäftspartner und flüchtigen

Bekannten. Sie sind alle im Raum um dich herum. Vor dir sind jene, die gegen dich sind und dir das Leben schwer machen, was manche Feinde nennen.

„Was? Warum sollte ich auf Feinde meditieren wollen? Ich dachte, wir versuchen hier gute Energie zu erzeugen!", rief ich aus.

„Nun, denk mal nach, von wem hast du im Leben am meisten gelernt, von Freunden oder Feinden? Man lernt viel von seinen Feinden, also wollen wir sie ehren und für ihre Entwicklung beten."

„Kann sein."

„Auch wenn du von deinen Feinden nichts gelernt hast, so sind sie doch im Grunde gut. Sie handeln aus Unwissenheit, weil sie ihre Güte, oder die von anderen, noch nicht erkannt haben. Deine Visualisierung hilft ihnen, ihre wahre Natur zu erkennen, wie sie auch dir hilft, deine eigene zu erkennen. Das wird dich auch schützen, da deine Liebe ihre negative Energie abstoßen wird. Hier sind nun die Gebete, die du betest, während du dich niederwirfst."

„Was! Während ich mich niederwerfe, willst du, dass ich einen Baum voller Buddhas visualisiere, Tausende Leute um mich herum, und auch noch Gebete spreche?"

„Nun. wenn es einfach wäre, dann wäre jeder erleuchtet, oder?", sagte Steve lachend. „Hier ist das erste Gebet, das du beim Niederwerfen sprichst:

Von jetzt an, bis ich vollständig erleuchtet bin, nehme ich Zuflucht zum Guru, der die Verkörperung der Drei Juwelen ist.

„Halte deine Handflächen aneinander und erhebe sie über deinen Kopf; dann senke sie wieder ab und berühre mit den Fingern deine Lippen, und bringe schließlich deine Handflächen hinunter zu deinem Herzen. Dann knie dich hin und lege deine Hände auf den

Boden. Gleite nach vorne, das Gesicht dem Boden zugewandt, die Arme ganz nach vorne ausgestreckt zum Buddha-Baum hin, und biete jeden Aspekt deines Selbst der Erleuchtung an."

Ich warf mich nieder, wie er mich angewiesen hatte, und versuchte mein Ego zu übergeben, und zu meiner Überraschung spürte ich große Zufriedenheit. Ich lag mit dem Gesicht nach unten, vertieft in Hingabe. Ich spürte, dass mein Empfinden des Selbst weg war, bis mich Steve mahnend rüttelte, „Hast du alle anderen auch niedergeworfen, so wie dich?".

„Nicht wirklich."

„Dann stell dir vor, dass sie sich niedergeworfen haben und mit dem Gesicht nach unten daliegen mit dir zusammen. Hier ist nun das zweite Gebet, das du beim Aufstehen betest:

Von jetzt an, bis alle Wesen Befreiung erlangt haben, werde ich Nutzen und Glück hervorbringen für alle Wesen, die meine Mütter gewesen sind.

„Moment mal, Steve, wie viele Wesen sind denn das?"

„Alle. Auch Tiere, sogar Würmer."

„Jetzt übertreibst du aber, oder? Du meinst, diese Ameise auf dem Boden, die gerade durch den Schreintraum krabbelt, war meine Mutter?"

„In Bezug auf Unendlichkeit, und darum geht es hier, war diese Ameise deine Mutter oder wird es sein, und sollte dementsprechend behandelt werden."

„Tut mit leid, ich glaube nicht, dass diese Ameise jemals meine Mutter war oder jemals sein wird."

„Nun, Wissenschaftler entdecken gerade, dass all das Material, woraus sich das Universum zusammensetzt, wiederverwertet wird, dass unsere Körper aus dem Material von Sternen bestehen, die vor Äonen ausgebrannt sind. Sogar die Teilchen von Napoleons Körper werden immer noch wiederverwertet und mögen jetzt ein Teil von uns sein, und eines Tages werden sie verwendet werden, um eine zukünftige Sonne zu erschaffen. Warum also kann diese Ameise nicht wenigstens ein Teil von jemand sein, der deine Mutter war oder sein wird? Wenn du jeden, den du triffst, als die Verkörperung deiner Mutter ansiehst, dann wirst du ihn anders behandeln, oder?"

„Gut, ich verstehe, was du meinst. Ich werde es versuchen."

„Nun steh auf. Aber während du aufstehst, denk an den Buddha-Baum und all die anderen bei dir, und bete das Gebet. Zum Schluss falte über deinem Herzen die Hände zum Gebet. Gratuliere, du hast eine Niederwerfung gemacht. Lass mich wissen, wenn du alle 100.000 gemacht hast, dann gebe ich dir den nächsten Teil."

„Gibt es da keine Abkürzung, Steve? Das würde eine Ewigkeit dauern."

„Es dauert eine Ewigkeit, wenn du es in diesem Leben nicht abschließen kannst und wiederkommen musst. Halt dich ran und mach sie, als würde es um dein Leben gehen, und du kannst sie nach dreieinhalb Monaten getan haben."

Steve ging fort und ich fing sofort an. Aber bei dieser Höhe fühlte ich mich nach 25 Niederwerfungen schwindelig und musste aufhören, da ich nicht noch einmal bewusstlos werden wollte. Ich war ins Schwitzen gekommen, also ging ich zum Bach hinunter, um mich auf den Stein von Padmasambhava zu setzen.

Als ich ins heiße Wasser eingetaucht war und mir Gedanken machte über die weiteren 99.975 Niederwerfungen, spürte ich Saint Germains Gegenwart. Er sagte ganz klar, „Peter, du hast die Niederwerfungen in einem früheren Leben schon abgeschlossen und brauchst sie nicht mehr zu machen. Die Demut, die du erlangt hast, ist ein Teil von dir. Allerdings ist dies eine Übung, die vielen New Agern guttun würde, die Kurse in Spiritualität nehmen und sich bald als Lehrer ausrufen, oder die anfangen, irgendwelche Gedanken, die ihnen gerade in den Sinn kommen, zu channeln und dann behaupten, das käme von einem Meister. Die sind es, die Niederwerfungen machen sollten, damit sie sich aus dem Griff des Ego befreien."

Seine ätherische Form schwand und ich atmete erleichtert auf. Ich entspannte mich in dem warmen mineralischen Wasser, das um meinen Körper wirbelte, und sank in eine natürliche Meditation. Im Inneren spürte ich,

ICH BIN Bewusstsein, das den ganzen Raum durchdringt.

Als dieses Bewusstsein nach außen floss, erfüllte sich mein Wesen mit Freude. Allmählich kam ich zum Körperbewusstsein zurück und schaute nach unten. Ich glaubte schon, das Wasser überschäumend sprudeln zu sehen, wie ich es von den Retreats der Aufgestiegenen Meister gehört hatte, aber es wirbelte nur einfach vorbei.

Als ich den Hügel wieder hinaufging, beschloss ich, Steve nichts von der Verschonung zu erzählen, obwohl ich mich dennoch niederwerfen würde, wenn ich einen Tempel betrat. Tatsächlich fand ich es befriedigend, mich mit dem Gesicht nach unten hinzulegen, meine Arme über dem Kopf dem Buddha zuzustrecken und das gewöhnliche Selbst verschwinden zu fühlen. Ich hatte das Gefühl, dass eine einzige, mit voller Absicht ausgeführte Niederwerfung hundert unbewusst ausgeführte aufwiegen würde. Ich erkannte später, dass eine Niederwerfung ausgeführt in Meditation vor einem lebenden Buddha, der eins ist mit der ICH BIN-Gegenwart, ebenso wirkungsvoll war. Die Essenz des Tantra ist jedoch, das Bewusstsein der Meditation im alltäglichen Leben zu haben. Das Leben ist die Meditation. Wir können uns in jedem Augenblick niederwerfen, wo auch immer wir sind, und ohne dass es irgendjemand weiß. Wir können uns innerlich vor jedem niederwerfen, den wir treffen und so jede Begegnung heiligen und zu einer Gelegenheit des Wachstums machen.

Kapitel 11

Deine drei Körper

Wir verließen Tidrum am nächsten Tag. Nachdem wir einige Stunden gefahren waren, trafen wir auf eine Gruppe Pilger, die im Gänsemarsch am Straßenrand gingen. Nach jedem dritten Schritt warfen sie sich nieder in den Staub. Sie hatten unter jeder Hand ein Brett festgeschnallt, um sich beim Vorgleiten nicht die Handflächen aufzuschürfen. Auf ihren Stirnen hatten sie rote Wunden vom wiederholten Aufschlagen.

„Wohin gehen die, Steve?", fragte ich.

„Nach Lhasa, um sich beim Jokhang-Tempel niederzuwerfen."

„Das sind aber über 200 Meilen (320 km)! Wie lange werden sie dafür brauchen?"

„Einige Monate, aber sie betrachten Zeit nicht so wie wir das tun. Was ist schon eine zweimonatige Pilgerreise im Vergleich zu Lebenszeiten der Wanderung in Samsara?"

„Nun, Steve, du wirst nicht viele Westler dazu bekommen, sich für dieses Seminar anzumelden!"

"Nein, nicht viele würden sich anmelden", antwortete er, „Aber wieviele Amerikaner erlangen Erleuchtung durch den Besuch von Seminaren? Die Lehren, die wir brauchen, sind bereits verfügbar, aber wenige wenden sie an. Die Menschen wollen sofortige Ergebnisse. Es ist viel leichter, herumzusitzen und gechannelten Botschaften zuzuhören, die einem sagen, dass man schon ein Meister ist. In früheren Zeiten musste ein Lehrer, bevor er die Lehren gab, auf Pilgerreise gehen, oder zumindest die Niederwerfungen abgeschlossen haben."

Ich musste an den Yogi denken, den ich in Indien getroffen hatte, und der zwanzig Jahre lang meditierend an einem Berghang zugebracht hatte, und auch an den Meditationslehrer, den ich in der Ramakrishna-Mission getroffen hatte, der über fünfhundert Meditationsarten kannte. Dann dachte ich an das Mädchen aus Berkeley in Kalifornien. Sie hatte ein Meditationsseminar besucht und fing an, sich als Meditationslehrer anzupreisen.

Pilger werfen sich nieder auf dem Weg nach Lhasa

Wir erreichten schließlich das Kloster, zu dem ein langer Aufstieg erforderlich war. Als wir ankamen, war ich außer Atem und setzte mich hinten in den Hauptschreinraum, um auszuruhen. Als ich so dasaß und die Statuen von Mahasiddhas bestaunte, die große Lehrer gewesen waren, bemerkte ich ein Thangka an der vorderen Wand, und spürte einen inneren Antrieb, genauer hinzuschauen. Ich sah, dass die mittlere Figur Padmasambhava war, doch meine Aufmerksamkeit wurde auf zwei Figuren gelenkt, die eine über der anderen über seinem Kopf saßen. Ein Mönch, der mein Interesse sah, kam zu mir herüber. Mit einem freundlichen Lächeln zeigte er zur mittleren Figur, „Das Chenrezig, Gott des Mitgefühls".

Dann zeigte er auf die obere Figur, die mit einer Aura von Regenbogenlicht umgeben war, „Das Amitabha Buddha, Gott des Ewigen Lichts".

Mir wurde plötzlich klar, dass ich die antike tibetische Version der Darstellung der ICH BIN-Gegenwart anschaute. Amitabha Buddha, der Gott des Ewigen Lichts, war die ICH BIN-Gegenwart *(Dharmakaya)*. Chenrezig, der Gott des Mitgefühls, repräsentierte die Seele oder den Höheren Mentalkörper *(Sambogakaya)*. Padmasambhava repräsentierte *Nirmanakaya*, den physischen Körper des Yogi. Alle drei Körper waren durch eine Lichtschnur verbunden, die von der oberen Figur zum Herzen der unteren reichte, doch jedes Wesen tat individuelle Arbeit auf seiner Ebene.

Padmasambhava zeigte auf eine goldene Sonne in der Mitte seiner Brust, auf der der Sanskritbuchstabe *Hung* geschrieben war, der Bewohner des Herzens (Sanskrit: *Hridayavasi)*. Aus diesem Buchstaben entsprangen unzählige regenbogenfarbene Lichtstrahlen. Darum herum war ein sechszackiger Stern, der die Einheit von Himmel und Erde repräsentierte, die Einheit von weiblichem und männlichem Bewusstsein.

Dies ist die Stelle, von der Saint Germain vor langer Zeit gesagt hatte, dass ich meine Energie dorthin richten solle. Hier ist es, wo die Unterwerfung des menschlichen Ego unter den Göttlichen Willen stattfindet, und hier ist es auch, wo man in einem Moment Führung fühlt; für die spontane richtige Handlung, die der Schlüssel zur Meisterschaft ist. Es findet auch nur im Herzen die Entwicklung von Mitgefühl statt, dessen Mangel einen in den endlosen Kreislauf von Wiedergeburten treibt. Wenngleich Illusion mit dem Verstand durchdrungen wird und Meditation auf dieses Zentrum wichtig ist, bleiben die eigenen Errungenschaften rein mental, wenn man dieses Bewusstsein nicht ins Herz bringt. Dieses Licht im Herzen ist wie die Pilotflamme eines Gasofens; obwohl man sie nicht sieht, brennt sie immerwährend. Wird dieses Licht im Herzen aktiviert, erleuchtet es alle anderen Chakren.

Ich fuhr fort, den Wandteppich zu bewundern und erkannte, dass Saint Germain diese kunstvolle Darstellung unseres dreifachen Wesens zu der Version vereinfacht hatte, zu der er May DaCamera inspiriert hatte, sie für Mr. Ballard zu malen.[*] Als dieser sie sah, sagte er, dass in jedem Haus eine Abbildung hängen sollte, als konstante Erinnerung an unsere wahre Identität.

Als Steve mich fand, erklärte ich ihm, was ich bei dem dargestellten Dreifach-Körper auf dem Thangka beobachtet hatte. Er sagte, dass die Tibeter über Praktiken verfügen, die das Bewusstsein dieser höheren Körper entwickeln, aber diese Lehren werden Westlern selten gegeben, die schnelle Resultate wollen und nicht bereit sind, Zeit aufzuwenden, um diese Praktiken zu meistern. Da die meisten der erleuchteten Lamas verstorben sind, geht diese alte Weisheit verloren. Die neuen Lamas mögen wohl die Schriften studiert und dreijährige Retreats abgeschlossen haben, aber die notwendige Anleitung von Erleuchteten, um selbstloses Bewusstsein zu erlangen, haben sie nicht erhalten.

Als wir das Kloster verließen und hinunter zum Auto gingen, visualisierte ich meine höheren Körper. Ich stellte mir meinen Höheren Mentalkörper als einen über mir schwebenden leuchtenden Christus vor, der bereit war, jederzeit zu helfen. Noch höher war die sonnenähnliche Gott-Gegenwart, die Quelle meines Wesens, die von Regenbogenlicht umgeben war. Eine Schnur aus blauweißem Licht reichte von der ICH BIN-Gegenwart zu meinem Christus-Selbst und weiter hinunter durch den Kopf zur Mitte meiner Brust – zur ungestillten Flamme. Während ich ging, bestätigte eine Ener-

---

[*]   Die graphische Darstellung der ICH BIN-Gegenwart (Künstlerin: May DaCamera, 1935) zeigt nur die niederen Körper und lässt die Seele weg, den mittleren Körper, bekannt als der Höhere Mentalkörper. Eine Version von Marius Michael-George@mariusfineart.com stellt alle drei Körper dar. [Anm. d. Übers.]

giewelle deren Gegenwart in mir. Ich wusste von all den Jahren des herzbezogenen Meditierens mit Pearl, dass man durch Beruhigung des Denkens und des Einstimmens auf diese Ungestillte Flamme in der Mitte der Brust deren unerschütterliche Führung fühlen kann.

Padmasambhavas drei Körper

Es ist die Wahrnehmung und die Ausdehnung dieser Energie in jede Zelle, was zum Aufstieg führt, zum Erlangen des Regenbogenkörpers – ein Vorgang, der nur abgeschlossen werden kann, nachdem aller Egoismus und alles Festklammern an das menschliche Selbst aufgelöst wurde. Solange auch nur das geringste Verlangen nach Profit auf Kosten anderer vorhanden ist, oder ein Gefühl der Überlegenheit, kehrt man wieder und wieder zurück und wird erneut physisch geboren, um die Lektion zu lernen, die noch zu lernen ist.[26]

Während wir quer durch die anscheinend endlose tibetische Hochebene fuhren, verwendete ich eine einfache, von Steve gelehrte Methode, die Sechs Nägel von Tilopa, um meinen Geist zu beruhigen.

- Lass die Vergangenheit los.

- Lass die Zukunft los.

- Lass los, wovon du glaubst, es geschehe jetzt.

- Versuche nicht, etwas zu verstehen.

- Versuche nicht, irgendetwas geschehen zu lassen.

---

[26] Ich möchte hier unterscheiden zwischen dem Erlangen des Regenbogenkörpers (Tibetisch: *Jalus*) und dem, was viele westliche Schüler der Esoterik den Aufstieg nennen. Im ersten Fall löst der Yogi bewusst seinen physischen Körper auf und verschmilzt die höheren Körper mit der ICH BIN-Gegenwart. Im letzteren Fall, der nach dem Tod stattfindet, vollbringt die Seele dieselbe Vereinigung mit der ICH BIN-Gegenwart. Es gibt auch einen Zustand der Befreiung, der in Indien als *Moksha* bekannt ist, bei dem sich die Seele von Karma gereinigt hat und frei ist von dem Verlangen nach Wiederverkörperung auf der Erde in menschlicher Form. Die Entscheidung, sich auf der Erde nicht wieder zu verkörpern, findet statt am Tag des Jüngsten Gerichts, wie es im Westen genannt wird, dem Moment, wo jede verstorbene Seele unter der Führung eines Meisters ihre vergangenen Leben nochmals betrachtet und sieht, ob es noch etwas zu lernen gibt, wenn überhaupt.

- Entspanne dich und sei dir des gegenwärtigen Momentes vollständig gewahr.

Ich begann zu fühlen, dass ich wirklich nichts tun musste, dass Meisterschaft nicht darin bestand, den Willen zu benutzen, um Ereignisse hervorzubringen, sondern vielmehr der Verstand aus dem Weg geräumt werden musste, damit das, was geschehen sollte, ungehindert herbeikommen konnte.

KAPITEL 12

BIERPAUSE

Nach einer langen Fahrt auf den staubigen Straßen kamen wir zu einer Kreuzung, an der eine strohgedeckte Hütte stand.

„Was ist das?", fragte ich.

„Hier gibt es Bier; möchtest du eines probieren?", fragte Steve.

Ich war nach der langen Fahrt durstig, und obwohl ich kaum Alkohol trank, dachte ich, es wäre doch eine Schande vorbeizufahren, ohne das berühmte tibetische Getränk aus fermentierter Gerste zu versuchen, das als *Chang* bekannt ist. Wir hielten am Straßenrand und gingen in die kleine Umzäunung aus grünen Grasmatten, die an Pfosten gezurrt waren, und eine alte zahnlose Frau begrüßte uns mit einem Lächeln und winkte uns herbei, Platz zu nehmen. Da keine Tische da waren, setzten wir uns auf den nackten Boden und lehnten uns gegen die Pfosten, die um den Platz herum angeordnet waren. Die Frau kam bald mit einer Tasse in jeder Hand aus dem hinteren Bereich zurück.

Ich schaute auf die bernsteinfarbene Flüssigkeit hinunter und, da ich obenauf gekeimte Gerste schwimmen sah, fragte ich Steve, „Was ist da sonst noch drin?"

„Wahrscheinlich etwas Eisenhut", sagte Steve und schaute wehmutsvoll in das trübe Gebräu. „Eisenhut!", schrie ich auf, und wusste von meinem Studium der chinesischen Medizin, dass Eisenhut giftig war, und dass er mit anderen Kräutern vermischt werden musste, um eine Heilwirkung zu erreichen, statt tödlich zu sein.

„Ab und an hört man, dass jemand durch *Chang* gestorben ist, aber ich bin sicher, dass dieses Lokal hier ok ist."

Ich war mir nicht so sicher, da die Hütte kein fließendes Wasser oder eine Toilette hatte, und die Frau, die dieses Selbstgebraute reichte, sah aus wie die Todesgöttin selbst. Die Tassen waren wahrscheinlich nie gewaschen worden, außer mit Wasser gespült und mit dem Rock der Hausmutter abgetrocknet.

Ich betete um Führung,

Saint Germain, bitte schütze mich, dass ich nichts tue, was ich nicht tun sollte, und lass die Violette Flamme in, um und durch dieses Getränk lodern und alles auflösen und verzehren, was weniger als Vollkommenheit ist.

„Das Leben ist unbeständig und du wirst sowieso bald sterben", gab Steve mit buddhistischer Weisheit zum Besten.

„Danke, Steve. Ein Prosit auf die Unbeständigkeit", sagte ich und stieß auf diese beliebte buddhistische Vorstellung an und nahm einen Schluck.

Ich war überrascht, als ich feststellte, dass der Trunk einer der höchst erfrischenden und doch nahrhaftesten war, die ich je zu mir genommen hatte. Er schien lebendig zu sein und das Gefühl zu vermitteln, dass ich mit diesem Getränk die Essenz Tibets und seines Dharma trank. Der Geist des Trunks kam vom selben Land, in dem der Vajrayana vor zwölfhundert Jahren Fuß gefasst hatte.

Nach einigen Schlucken fiel mir ein, dass ich die Übrigen der einführenden Praktiken noch immer nicht kannte, also fragte ich Steve nach den anderen drei Teilen des Ngöndro.

„Du musst das Vajrasattva-Mantra praktizieren!", sagte er mit einem Leuchten in seinen Augen.

„Wer ist Vajrasattva?"

„Der Gott, der all die anderen Götter erschafft."

„Was – wie ist das möglich?", fragte ich. Meine anerzogene christliche Auffassung besagte, dass es nur einen Gott gibt.

„Gott ist nur eine Vorstellung. Gott ist eine Form, die die Menschen dem grenzenlosen Bewusstsein anheften. Aus diesem grenzenlosen Bewusstsein, die du Buddhaschaft nennen magst, entstehen Wesen, die alle seine Eigenschaften verkörpern. Diese Wesen nehmen immer dichtere Formen an für ihr eigenes Wachstum und ihre Entwicklung, und manifestieren andere Wesen wie sie selbst; und schon sind wir bei uns. Auch wir sind Buddhas und Christusse, wie auch immer du erwachtes Bewusstsein nennen magst. Vajrasattva ist einfach einer jener Buddhas, von dem die anderen eine Widerspiegelung sind. Jesus selbst sagte,

Gott schuf den Menschen nach Seinem Ebenbild.

So sind auch wir es. Jesus sagte nicht, er sei Gott, nur, dass er und der Vater eins seien. Auch wir sind eins mit dem Vater, nur dass ich mich entschieden habe, meinen Vater Vajrasattva zu nennen. Er sagte,

Möge jeder von seinen schädlichen vergangenen Handlungen völlig gereinigt werden, nur dadurch, dass er meinen Namen hört, an mich denkt oder mein Mantra rezitiert. Darüber hinaus werde ich in der Verkörperung bleiben, bis alle Wesen gereinigt sind.

„Das ist ein erstaunliches Gelübde. Was ist das Mantra?"
„Es hat einhundert Silben und du musst es einhunderttausend Mal wiederholen."
„Was!", rief ich aus. „Warum müssen Buddhisten alles einhunderttausend Mal wiederholen?"

„Ich nehme an, dass du es, wenn du es mit vollständigem Bewusstsein sagen könntest, nur einmal wiederholen müsstest, aber dann wärst du wahrscheinlich sowieso schon erleuchtet. Ich weiß nur, dass diese Methode funktioniert. Die Tibeter haben es auf diese Weise über eintausend Jahre lang getan, und viele haben den Regenbogenkörper erlangt. Wieviele New Ager haben den Aufstieg erlangt, indem sie zu einer Unmenge Seminaren gingen, auf Medien hörten, oder nach ihrem Zwillingsstrahl suchten?“

Mir wurde klar, dass die einzige mir bekannte Person, die aufgestiegen war, meine Lehrerin Pearl war, und sie hat es nach ihrem Tod getan. Nicht einmal ihr Lehrer Godfre Ray King war in der Lage gewesen, seinen physischen Körper zu entmaterialisieren.

„Gut, wie ist das Mantra?“

„Tut mir leid, ich kann dir das nicht erklären, wenn ich Bier trinke.“

Wir tranken unser Chang aus und standen auf, um zu gehen. Nachdem wir bezahlt und der Frau, die uns bedient hatte, gedankt hatten, gingen wir zum Auto und setzten unsere Reise nach Lhasa fort. Ich schaute hinaus auf die ausgedehnten Ebenen, wo kein einziges Auto vorbeigekommen war, während wir dort eingekehrt waren. Wir waren an einer Hauptkreuzung, wo sich zwei Straßen kreuzten, eine von Norden kommend, de andere von Osten, was ein Symbol zu sein schien für die Notwendigkeit, den östlichen Pfad des Bewusstseins mit dem westlichen Weg der Aktivität in der Welt zu assimilieren.

Während wir fuhren, wollte ich immer noch die anderen zwei Teile der einführenden Praktik erfahren. Da es für einige Stunden nichts anderes zu tun gab, außer innere Wärme zu erzeugen, wenn Lobsang das Fenster herunterkurbelte, fragte ich Steve, was diese Praktiken waren.

„Du musst all deinen Besitz opfern – nicht nur, was du jetzt hast, sondern alles, was du je besessen hast in allen Leben, und was du in der Zukunft besitzen magst. Tatsächlich musst du das ganze Universum opfern. Dann erschaffst du es neu, und opferst das neue Universum zum Wohl aller fühlenden Wesen. Es ist eine Praktik, die du mit einem Haufen Korn, Münzen und den wertvollsten Edelsteinen, die du auftreiben kannst, ausführst, welche du auf eine metallene Pfanne kippst, die den Ozean des Bewusstseins repräsentiert."

„Vermutlich muss ich das einhunderttausend Mal machen?"

„Genau."

„Was kommt, nachdem ich das Universum neu erschaffen habe?"

„Guru-Yoga. Du visualisiert Padmasambhava vor dir, während du das Mantra rezitierst. Am Ende löst er sich in Licht auf und verschmilzt mit dir. Ist das nicht das, was im Kloster über Tidrum geschah?"

„Wow, zu jedem dieser Rituale scheint das Verschmelzen mit Gott zu gehören!"

„Ja, auf diese Weise wirst du ein Gott. Aber es ist nicht so, dass man einfach nur sagt, ‚Ich bin Gott'. Das führt zu Egoismus. Um wirklich zu Gott zu erwachen, muss man lernen, aus seinem Ego auszusteigen, und indem man es klar erkennt, transformiert man es. Die meisten New Age-Techniken verstärken einfach nur die Tendenz des Ego zur Selbstanbetung und Kontrolle, wo es doch die Anhaftung an das illusionäre Selbst ist, die aufgelöst werden muss."

„Erinnerst du dich an Milarepa?", fragte Steve, „Der Zauberer im elften Jahrhundert, der seine Tante und seinen Onkel mit einem Zauber belegte, nachdem sie ihn und seine Mutter beim Tod seines Vaters um ihr Haus betrogen hatten?"

„Oh ja, war er nicht derjenige, dessen Guru ihn einen Turm aus Steinen an einer Klippe bauen hieß, und als er fertig war, ihm sagte, er habe ihn an der falschen Stelle gebaut, und ihn die Steine zurücklegen und einen anderen Turm an anderer Stelle erbauen ließ?"

„Genau, und drei weitere Türme, von denen jeder abgebaut werden musste aus irgendeinem scheinbar sinnlosen Grund. Doch sein Guru, Marpa, hatte einen Grund, um diese Quälereien zu verhängen. Er sah, dass er Milarepa neunmal in völlige Verzweiflung führen musste, um das Karma für die Menschen abzubüßen, die er durch seinen Zauber verletzt und getötet hatte, bevor er für die Einweihung bereit war. Jedoch nach der achten Prüfung und dem Selbstmord nahe, überzeugte Milarepa Marpas Frau, ihm eine Empfehlung an einen anderen Guru zu schreiben, der in der Nähe lebte. Sie fälschte den Namen und das Siegel ihres Gatten – und Milarepa verschwand zu dem neuen Guru."

„Ich weiß nicht mehr, was dort geschah."

„Lies das hier", sagte Steve, und warf mir das Buch mit dem ausgefransten Umschlag zu, das ich in seiner Manteltasche seit Beginn der Reise gesehen hatte. „Es ist meine Bibel. Wann immer ich mich deprimiert fühle, lese ich das, und es erinnert mich daran, dass mein Leiden nur einiges Karma abbrennt, zur Vorbereitung für weitere Lehren."

Ich schaute auf den Umschlag, *The Life of Milarepa,* von Tsangnyön Heruka.[*] Ich bat die ICH BIN-Gegenwart um Führung, was ich zu lesen nötig hatte, und schlug das Buch genau an der Stelle auf, die Milarepas Ankunft bei seinem neuen Guru Lama Ngokpa beschrieb. Der Lama rezitierte vor seinen Schülern ein tantrisches Ritual, und sagte,

ICH BIN der Weg.

ICH BIN die Wahrheit.

---

[*] Tsang Nyön Heruka, Thomas Roth, (Übersetzer), Milarepa – Herr der Yogis: Das Leben des Jetsün Milarepa, Sequoyah-Verlag, 2006 [Anm. d. Übers.].

ICH BIN der universelle Lehrer.

ICH BIN der Ewig Gesegnete.

ICH BIN die Welt und jenseits der Welt.

Ich erschrak, denn da waren Aussagen ähnlich denen von Jesus wie auch denen von Saint Germain:

ICH BIN der Weg, die Wahrheit und das Leben.

ICH BIN die Wiederauferstehung und das Leben.

ICH BIN eins mit dem Vater.

ICH BIN ein Sohn Gottes.

Ich erkannte, dass er diese Affirmationen nicht aus seinem Ego sprach, sondern aus dem Zustand des egolosen Bewusstseins, in nichtdualer Einheit mit seinem Höheren Selbst – dem Bewusstseinszustand, bei dem Merkmale in die äußere Realität eintreten, indem man sie als Aspekte der eigenen wahren Natur einfordert.

Nur dadurch, dass Milarepa durch diese Qualen ging, war er vorbereitet für fortgeschrittene Lehren. Jedoch indem er von seinem Guru mit einem gefälschten Brief floh, hatte er neues Karma erschaffen, das er auch abzubüßen hatte, und das ihn daran hinderte, die neuen Lehren des zweiten Guru anzuwenden. Er musste zu Marpa zurückgehen und weiter leiden, ehe er bereit war für die Einweihung, die schließlich zur Erleuchtung führte.

„Danke Steve, das war genau das, was ich zu lesen nötig hatte", sagte ich und reichte ihm das Buch zurück. „Es scheint, dass die Geschichten über den Besuch von Jesus in Tibet und die Aufnahme dieser Lehren von den Lamas dort, wahr sind. Vor zweitausend Jahren verbreitete im Mittelmeerraum ganz bestimmt niemand tantrische Lehren."

Kapitel 13

Das ist nicht fair

Seit Beginn der Reise hatten Steve und ich wahrgenommen, dass Betty nicht glücklich darüber war, wie die Dinge liefen. Ohne einen Plan ging es ihr nicht gut. Sie wusste nie, was sie erwartete. Trotz ihres Bemühens, sich gelassen zu geben, brach ihr Verdruss schließlich wie ein Vulkan aus ihr heraus.

„Das ist nicht fair!", rief sie aus.

Ich drehte mich um und sah sie vor Wut zittern. Steve, der neben ihr saß, wandte sich ihr zu, um diesem neu auftauchenden Dämon gegenüberzutreten. „Was ist nicht gerecht?", fragte er.

„Es ist nicht fair, wie ich behandelt werde. Du hast eine halbe Stunde lang mit Peter getrunken und mich im Auto zurückgelassen."

„Aber ich habe dich eingeladen, mitzukommen", sagte Steve.

„Ja, aber im letzten Kloster seid ihr, du und Peter, fortgegangen, um über Buddhismus zu reden, und mich habt ihr allein umherwandern lassen."

„Aber du hast nie Interesse gezeigt; du hast gesagt, Buddhismus sei Aberglaube und Anbetung falscher Götter."

„Trotzdem, ich wurde die ganze Zeit ignoriert", schmollte Betty.

„Es tut mir so leid, wenn du das so empfindest", antwortete Steve. „Ich frage mich, ob wir etwas für dich tun können?"

„Ja, da gibt es etwas. Wir können umkehren und nach Hause fahren!"

Steve wies Lobsang an, das Auto anzuhalten. Wir rollten mitten auf der Straße aus und Lobsang stellte den Motor ab. Wir blockierten die Straße, aber es schien nichts auszumachen. Steve kämpfte damit, seine Sichtweise, alle Phänomene seien letztendlich bar jeder Bedeutung, aufrechtzuerhalten.

„Der Weg zurück ist genauso weit wie der Weg vor uns," sagte Steve. Vor meinem geistigen Auge sah ich die staubigen Straßen, die manchmal verschwanden und in Flussbetten weiter verliefen, durch die wir gefahren waren, um bis hierher zu kommen.

„Warum stimmen wir nicht ab?", sagte er, und verließ sich auf die amerikanische Auffassung, dass jeder, ganz gleich wie dumm oder ungebildet er ist, gleichermaßen qualifiziert sei zu urteilen und über die Vorteile in einer höchst komplexen Frage abzustimmen. Er endete, indem er sagte, dass er sich der Stimme enthalte. Er würde nur abstimmen, wenn Betty und ich nicht übereinstimmten.

Da Betty ihre Ansicht schon klargemacht hatte, war es mir überlassen. Ich saß für einen Augenblick nachdenklich da, in der Hoffnung, Betty würde die Erwägung, die ich ihrer Bitte widmete, wertschätzen, und um keinen weiteren Wutausbruch auszulösen, sagte ich schließlich, „Ich stimme für Weiterfahren".

„Da wir Stimmengleichheit haben, stimme ich für Weiterfahren", sekundierte Steve.

Betty biss sich auf die Lippen. Die Knöchel ihrer geballten Fäuste waren weiß, doch sie saß unbewegt da wie eine Buddha. Während ich darauf wartete, dass ihr Schweigen mit einem Gefühlsausbruch endete, fragte ich mich, ob Unterdrückung eine Form der Meditation sein könnte. Vielleicht sah sie schon die ganze Zeit ein, dass ihre Bitte lächerlich war, und sie musste nur ihre Anspannung ausdrücken. Karma lehnte sich in ihrem Sitz mit einem Seufzer zurück, und Lobsang startete wieder den Motor. Genau in diesem Augenblick raste ein Lastauto mit Steinen von einem der neuen chinesischen Bergwerke vorbei, und das Auto wurde von dessen Fahrtwind gerüttelt. Wäre unser Auto eine halbe Sekunde früher losgefahren, wären wir hinweggefegt worden.

Während wir unsere Fahrt fortsetzten, hörte ich Bettys „Das ist nicht gerecht" in meinem Kopf nachhallen. Die Besetzung Tibets durch die Chinesen, die Inhaftierung und Hinrichtung von Lamas und die Zerstörung ihrer Tempel schien auch nicht gerecht zu sein. Aber sogar der Dalai Lama sagte, dass Tibet die Saat seiner Handlungen der Vergangenheit ernte. Die feudale Theokratie war korrupt geworden, und es kämpften verschiedene Sekten darum, ihre Macht zu festigen. Viele Klöster konzentrierten sich mehr darauf, Geld zu erwirtschaften, statt Meditation zu praktizieren. Viele Lamas wussten, dass es innere Schwäche war, die die Invasion unausweichlich machte; und diese Invasion war es, die sie schließlich in die äußere Welt hinaustrieb, damit sie ihre Lehren teilten.[27]

---

[27] Tibetische Nomaden führten bei vielen früheren Gelegenheiten Krieg gegen Teile Chinas. Als Folge eines Krieges des tibetischen Königs Songtsen Gampo gegen den chinesischen Kaiser von Tang, wurde Frieden herbeigeführt durch seine Vermählung mit Prinzessin Wencheng (628-680). Dieses chinesische Mädchen brachte als erste den Buddhismus ins zentrale nach Tibet. Sie brachte auch ein fortgeschrittenes Verständnis von Landwirtschaft, Medizin und Kunst mit sich, und war weitgehend verantwortlich für die Schaffung des tibetischen Alphabets. Noch heute wird sie von den Tibetern als eine mitfühlende Verkörperung der Göttin Tara verehrt. Zwei Jahrhunderte später brachte Padmasambhava den Vajrayana-Buddhismus von Indien nach Tibet, obwohl es ihn in West-Tibet bereits gab aufgrund der Lehren eines früheren Buddhas in Bhactria, dem heutigen Afghanistan.

Das Dach des Potala-Palastes in Lhasa

Kapitel 14

Zurück nach Lhasa

A ls wir unsere Fahrt nach Lhasa fortsetzten, kamen wir schließlich zu einer der neuen chinesischen Schulen. Dies waren saubere und solide gebaute Gebäude für die Erziehung der nächsten Generation junger Tibeter. Den Schülern wurde Chinesisch beigebracht, das sie benötigten, um in der neuen kommunistischen Gesellschaft Arbeit zu bekommen. Es war ihnen untersagt, Buddhismus zu studieren, von dem man ihnen gesagt hatte, er sei Aberglaube.

Da unsere Übersetzerin etwas Chinesisch sprach, führte uns der Verwalter herum. Wir waren während einer Unterrichtspause angekommen, daher begrüßten uns hunderte eifrige Gesichter junger Tibeter. Als sich der Verwalter einem Lehrer zuwandte, um mit ihm zu sprechen, flüsterte Steve den Kindern etwas zu, und plötzlich war ich von Kindern umringt, die sich an meiner Kleidung festklammerten.

„Steve, was hast du gesagt?", fragte ich.

„Ich habe ihnen gesagt, du wärst ein amerikanischer *Tulku* (reinkarnierter Lama)", sagte er und lächelte.[28]

---

[28]   *Tulku,* Bewahrer einer bestimmten Lehre oder Abstammungslinie, der sich wiederverkörpert und dann von seinen früheren Gefährten oder Schülern entdeckt wird. Für gewöhnlich hinterlässt das Wesen Hinweise oder Anhaltspunkte, wo und wann nach dem Wiedergeborenen gesucht werden sollte. Diese Praxis begann mit der Abstammungslinie der Karmapa. Leider wird manchmal die richtige Seele nicht gefunden, vielleicht, weil die Seele aufgestiegen ist. Oder, wie kürzlich geschehen, weil der Wiederentdeckte kein Tulku mehr sein möchte. In einem Fall aus jüngster Zeit wurde Ösel Hita Torres (*1985 in Barcelona, Spanien) bald nach der Geburt als Tulku erkannt, jedoch gab dieser 2009 seine Entscheidung bekannt, Filmemacher zu werden. Aber er ist noch in die Dharma-Praxis involviert.

Der Verwalter drehte sich schnell um, rief den Kindern zu, zur nächsten Stunde zu gehen, und warf Steve einen finsteren Blick zu, der besagte, dass wir nun besser fortgehen sollten.

Als wir weiter Richtung Lhasa fuhren, gingen mir die offenen lächelnden Gesichter der Kinder nicht aus dem Kopf, und ich war traurig darüber, dass man sie nicht wenigstens die ‚Vier Gedanken, die den Geist dem Dharma zuwenden', lehrte, die jahrhundertelang ein wesentlicher Teil der Kultur des tibetischen Buddhismus gewesen waren. Man kontempliert über:

- *Kostbares Leben: In einem menschlichen Körper zu leben ist eine Außergewöhnliche Gelegenheit.*
- *Vergänglichkeit: Alles hat ein Ende, und der Tod kann jederzeit eintreten.*
- *Karma: Jede Handlung verursacht eine Wirkung. Unsere Erfahrungen in diesem Leben sind das Ergebnis unserer Handlungen in der Vergangenheit. Unsere gegenwärtigen Handlungen können vergangenes Karma aufheben und positive Wirkungen in der Zukunft erzeugen.*
- *Samsara: Festhalten an weltlichen Dingen, die sich ständig ändern, einschließlich dem Festhalten am illusionären Selbst, führt zu Leid.*

Statt ihnen diese grundlegenden Wahrheiten anzubieten, die das Verlangen nach Wahrheit und Befreiung stimulieren, lehrte man sie ausschließlich, materiellen Wohlstand anzustreben. Ich wünschte mir, ich hätte einige dieser Kinder mit nach Hause nehmen können, oder für sie wenigstens ein Zuhause bei Dharma-Praktizierenden zu finden; aber fürs Erste musste ich damit zufrieden sein, für ihr spirituelles Erwachen zu beten.

Bei Einbruch der Dunkelheit trafen wir in Lhasa ein und meldeten uns in unserem Hotel an. Lobsang und Karma gingen zu ihren Familien. Da Steve, Betty und ich am Verhungern waren, gingen wir Essen. Während wir zum Dharmaland Restaurant nahe dem Jokhang-Tempel gingen, trafen wir auf einen Tibeter, der einen Pickel schwingend ein Loch in den Gehsteig grub. Man hatte ihm wohl befohlen, Reparaturen durchzuführen, dachte ich, und fragte ihn, wobei Steve übersetzte, „Zwingen dich die Kommunisten dazu, so spät noch zu arbeiten?"

„Nein, die zwingen mich zu gar nichts. Ich arbeite viel, damit ich eine Stereoanlage kaufen kann."

„Das ist die neue Generation", sagte Steve, befreit vom Feudalismus, um vom Materialismus versklavt zu werden."

Wir erreichten bald das Restaurant, und ich überflog die Speisekarte. Nach den Tagen mit Früchtecocktail, Keksen, Tsampa und Momos mit Kohl gefüllt, lief mir das Wasser im Mund zusammen bei dem Gedanken, etwas Reichhaltigeres zu essen. Aber ich war überrascht, als ich sah, dass das Menü voller internationaler Delikatessen war, wie Chicken Marseilles, Ungarisches Gulasch und Pekingente.

„Wo ist das tibetische Essen?", fragte ich den Kellner.

„Sie meinen, was die Bauern jetzt gerade in ihren Hütten kauernd essen?"

„Ja, genau. Ich bin in Tibet und möchte hiesiges Essen haben."

Schön, Sie möchten authentische Speisen, ich werde sie bringen; aber bestellen Sie noch etwas anderes."

Bald kam eine Gerstenbrühe, an deren Oberfläche einige Karotten und Zwiebeln schwammen.

„Ihr authentisches tibetisches Abendessen", sagte der Kellner und platzierte die Schüssel mit einem ironischen Lächeln auf dem Tisch.

Da es keine anderen vegetarischen Gerichte gab, befolgte ich seinen Rat und bestellte mit einigem Bangen Yak Teriyaki. Nachdem ich für das Tier gebetet hatte, das sein Leben hatte geben müssen, bemerkte ich, wie das hochwertige Eiweiß wieder Leben in meinen Körper zurückbrachte.

Nach dem Abendessen stand ich bei der Kasse und wartete darauf, zahlen zu können, als ich ein eingerahmtes Dokument an der Wand hängen sah, welches besagte, „Joint Venture Agreement". (Gemeinschaftsunternehmens-Vertrag).

„Gemeinschaftsunternehmen mit wem?", fragte ich den Kellner.

„Mit der chinesischen Regierung."

„Was? Wie geht das?"

„Unsere Familie stellt das Geld zur Verfügung und macht all die Arbeit, und sie bekommen die Hälfte des Gewinns."

Ich wollte noch mehr erfahren, aber er gab mir zu verstehen, besser zu schweigen. Ich wusste, wenn er dabei gehört würde, wie er sich beklagte, riskierte er eine Gefängnisstrafe, so nickte ich und ließ die Sache fallen.

Auf dem Weg zurück zum Hotel fiel Betty wegen des engen Gehsteigs einige Schritte zurück, aber nach einigen Blöcken schob sie sich plötzlich zwischen uns und versperrte den Gehsteig. Finster dreinblickend schrie sie Steve an, „Ich habe genug von dir. Du hast mich während dieser ganzen Reise ignoriert. Das ist nicht der Service, für den ich bezahlt habe. Wir haben das in der Broschüre versprochene Essen und die Unterbringung nicht bekommen. Das Geringste, was du nun am Ende der Reise tun kannst, ist uns im Holiday Inn für die letzten beiden Nächte unterzubringen!"

„Ich werde sehen, was ich tun kann", sagte Steve, und versuchte eine Szene auf der Straße zu vermeiden. Jedoch sollte ihm die Angelegenheit bald aus den Händen genommen werden. Chinesische Soldaten riegelten den Hoteleingang ab. Ein zivil gekleideter Agent mit einer Lederjacke trieb uns hinein und überprüfte unsere Pässe. Ein weiterer Agent mit einer Pistole am Gürtel bewachte die Eingangshalle. Der Hoteleigentümer hinter der Rezeption sagte entschuldigend, „Sie müssen abreisen".

Anscheinend hatte ein US-Senator auf einer geheimen Erkundungsmission, die die Behandlung von Tibetern durch Chinesen untersuchen sollte, im Hotel gewohnt, während wir weg waren. Seine Meldung nach Washington war abgefangen worden, und die Behörden schlossen nun zur Bestrafung das Hotel. Der Senator war längst fort und bemerkte nichts von der Härte, die er für den Hoteleigentümer und die Beschäftigten verursacht hatte, die nun ihre Arbeit verloren. Ich betete zu Saint Germain, dass er hier das Kommando übernahm, doch der chinesische Agent erlaubte uns dennoch nicht, zu bleiben.

Betty sollte schließlich ihren Wunsch, im Holiday Inn zu logieren, erfüllt bekommen, wenngleich sich die Erfüllung als nicht so erfreulich herausstellte, wie sie sich das erhofft hatte. Bald setzte uns ein Taxi vor der modernen Fassade des Holiday Inn ab, die überall auf der Welt gleich aussehen. Ich hätte es vorgezogen, in dem tibetischen Hotel zu bleiben, aber der Gedanke an eine heiße Dusche war mir angenehm.

Kapitel 15

Im tibetischen Institut für Medizin und Astrologie

An unserem letzten Tag in Lhasa hatten wir entschieden, das Institut für tibetische Medizin und Astrologie, *Men-Tsee-Lhang*, zu besuchen, und dort einen der Ärzte zu konsultieren. Wir hatten von ihrer sagenhaften Kunst bei der Behandlung aller Arten von physischen wie auch emotionalen und sogar spirituellen Leiden gehört. Der ursprüngliche Studiengang dauerte vierzehn Jahre, wobei in der zweiten Hälfte der Schwerpunkt auf der Heilung spiritueller Krankheiten lag. Wegen des Ärztemangels wurde die Ausbildung auf sieben Jahre verkürzt, um die kritischeren physischen Leiden zu behandeln.

An den Wänden des Warteraumes hingen viele Thangkas, welche die Naturgesetze darstellten, auf der ihre Medizin aufbaute, und die in graphischer Darstellung all die ungesunden Handlungen zeigten, welche die verschiedenen Krankheitszustände verursachten. Diese reichten von physischen Ursachen wie Überarbeitung, falsche Ernährung und Belastung durch Toxine, zu emotionalen Giften wie Begierde, Zorn, Kummer, Stolz, Habgier und Eifersucht, bis hin zu mehr ätherischen Ursachen wie Besetzung durch erdgebundene Seelen, Vergehen gegen Naturgeister und planetarische Einflüsse. Sogar geopathische Ursachen wie zu nahes Wohnen am Wasser oder an Störzonen wurden gezeigt. Da es keine Stühle gab, mussten die Patienten umhergehen, und indem sie die Bilder anschauten, wurden sie über Gesundheit unterrichtet. Auf diese Weise brauchten die Ärzte keine Zeit darauf verschwenden, die Ursache der Krankheit zu erklären, und konnten direkt mit der Behandlung beginnen.

Eine junge Tibeterin in traditioneller Kleidung geleitete uns bald zu einem kleinen Zimmer, in dem wir von einem älteren Herrn, der hinter einem Schreibtisch saß, begrüßt wurden. Er lächelte freundlich und gab uns ein Zeichen, Platz zu nehmen. Steve flüsterte mir ins Ohr, „Wir haben Glück; dies ist der Chefarzt. Er ist sehr berühmt. Was glaubst du, wie alt er ist?"

„Höchstens sechzig?"

„Zweiundneunzig. Die meisten Ärzte, die während der Invasion eingesperrt wurden, starben, und er war einer der Wenigen, die aus dem Gefängnis nach Indien flohen. Er kam später zurück, um das Institut wieder aufzubauen. Angeblich ist er die Wiederverkörperung von Yuthok, der im zwölften Jahrhundert *Yuthok Nyingthig Guru Sadhana, Mitfühlendes Sonnenlicht zur Auflösung der Dunkelheit des Leidens*, schrieb, die wichtigste Praktik des Medizin-Buddha. In jenem Leben studierte er in Indien und brachte den Ayurveda zurück nach Tibet, wo er mit der chinesischen Medizin kombiniert wurde, die im siebenten Jahrhundert von der chinesischen Kaiserin Wencheng importiert worden war."

Der angesehene Arzt nahm Bettys Unterarm zwischen seine Finger, fühlte behutsam ihre sechs Pulse in jedem Handgelenk, drei an der Oberfläche und drei tieferliegend, sah sich dann ihre Zunge an und schaute prüfend in ihre Augen. Innerhalb einer Minute enthüllte er ihre Krankengeschichte so zutreffend, als würde er ihren klinischen Bericht lesen. Er nannte all ihre Krankheiten und Operationen und sogar das Jahr ihrer Gebärmutterentfernung. Er fuhr fort, ihr ihre gegenwärtigen gesundheitlichen Herausforderungen zu erklären.

„Lassen Sie nie eine Operation vornehmen, außer es ist absolut notwendig", betonte er. „Sie erzeugt Narbengewebe, das den Energiefluss hemmt. Viele Ihrer Probleme, sogar die emotionalen, sind das Ergebnis blockierter Energie. Dies ist das karmische Ergebnis von Verletzungen, die Sie in vergangenen Leben anderen zugefügt haben. Um darüber hinwegzukommen, müssen Sie aufhören, nur an sich selbst zu denken, und etwas tun, das anderen hilft. In dem Maße, wie Sie Mitgefühl entwickeln, wird sich Ihre Gesundheit verbessern. Bis dahin gebe ich Ihnen einige Pillen, um Ihre Verdauung zu stärken."

Er fixierte Sie mit einem durchdringenden Blick und sagte, „Essen Sie keine Milchprodukte oder süßen Nachspeisen", dann schrieb er ein Rezept aus, das unten bei der Arznei-Ausgabe eingelöst werden konnte.

Dann griff er nach meinem Handgelenk, und ich spürte sein Bewusstsein in jeder Fingerspitze. Seine Aufmerksamkeit schien über die Pulse hinaus bis tief in die Seele hinein zu reichen. Ich spürte, dass ich in Händen eines Meisters war. Nach fünfzehn Sekunden des Schweigens sagte er, „Es gibt bei Ihnen keine Unbill, die sich nicht wieder bessert, wenn Sie in niedrigere Höhen zurückkehren. Sie haben eine ausgezeichnete Gesundheit, werden ein langes Leben leben und vielen Menschen helfen".

Dann öffnete er eine Schublade und holte daraus etwas hervor, das aussah wie eine Murmel, eingehüllt in blaue Seide und zugeschnürt mit regenbogenfarbenen Fäden. Er legte das mysteriöse Objekt beiläufig in meine Hand und sagte, „Hier ist das kostbarste wunscherfüllende Juwel (*Rinchen Ratna Samphel)*", genau das Objekt, nach dem ich gesucht hatte. Um dieses zu bekommen, hatte mich der Karmapa nach Tibet entsandt.

Ich war sprachlos, als ich weiter auf die kunstvoll umhüllte Kugel in meinem Handteller starrte. Ich hatte gedacht, dass sie mir von einem Yogi in den Bergen, oder vielleicht von einem Lama am Ende einer langen Ermächtigung gegeben werden würde. Nun gab sie mir ein Arzt ohne eine Zeremonie, als würde er mir Aspirin geben. Er lächelte, stand auf und gab damit zu erkennen, dass das Gespräch beendet war. An der Tür dankte ich ihm übermäßig für das Juwel, aber er nickte nur. Ich wollte nicht, dass dieses Treffen schon zu Ende war, mit diesem erstaunlichen Mann, der jedenfalls einen Teil meiner Mission erfüllt hatte. Um den Kontakt mit ihm hinauszuziehen, fragte ich ihn, ob er noch immer verbittert sei, wegen der Inhaftierung durch die Chinesen.

„Kein Bedauern", sagte er ruhig. „Während ich im Gefängnis war, traf ich einen großartigen Arzt, und von ihm lernte ich viele geheime Heilmethoden. Ich bin dankbar für diese Zeit mit ihm, die ich nicht gehabt hätte, wäre ich nicht im Gefängnis gewesen."

Ich dankte ihm nochmals für das wunscherfüllende Juwel, das ich nun in meine Tasche steckte, und wir gingen nach unten zur Arznei-Ausgabe, um Betty zu helfen, ihre Medizin zu bekommen. Während des Wartens vor dem Ausgabefenster hörte ich einen Gesang, der von der Halle unten kam. Als ich diesem nachging, betrat ich einen kunstvollen Schreinraum, in dem dutzende Mönche eine Zeremonie durchführten. Vor dem Schrein waren Beutel mit Kräutermedizin-Pillen ausgelegt, die sie von Hand gemacht hatten, und ich erkannte, dass sie die Praktik des Medizin-Buddha ausführten, um die Pillen mit Heilungsbewusstsein aufzuladen. Bald begann das Rezitieren des Sanskrit-Mantra,

Tayata Om Bekandze, Bekandze, Mahabekandze, Ratza Samundgate Swaha.

(Tay-a-taa Om Beck-an-zay, Beck-an-zay, Maha Beck-an-zay, Raatza Samund-got-ay Swa-ha).

Ich spürte die Energie und erkannte, dass viel von der Heilkraft der Medizin nicht nur von den einzelnen Kräuter- und Mineral-Bestandteilen herrührte, sondern mehr davon, womit sie die Medizin aufluden. Steve sagte, dass das Mantra übersetzt eine Anrufung war, Leiden zu entfernen – sogar die Ursache und die Erinnerung an Leiden – um die Person für die Verschmelzung mit dem Körper, der Rede und dem Geist dieses Buddha zu reinigen.

Wir hatten nicht die Zeit, um dem vollständigen Ritual beizuwohnen, aber Steve sagte, das Ritual endet wie andere tantrische

116

Praktiken mit dem Visualisieren der Gottheit, wie sie sich in den Pillen der Medizin wie auch in jedem der Mönche auflöst. Später erkannte ich, dass man in diesen Praktiken, wenn man das Tibetisch entziffert, gewöhnlich eine Aussage findet ähnlich dem:

ICH BIN die Gottheit.

Um jedoch die Falle des Ego zu vermeiden, das für sich beansprucht, Gott zu sein, wird diese Affirmation nur nach vorherigem Erreichen des egolosen Zustandes des Samadhi gesprochen. Darüber hinaus wird am Ende des Rituals die Visualisierung aufgelöst, und man steht nicht eher vom Boden auf, bis man zu normalem Bewusstsein zurückgekehrt ist. Somit läuft man nicht umher und fühlt sich anderen gegenüber höherstehend. Diese Praktiken werden auch nur an jene ausgegeben, die wenigstens ihre Ngöndro-Praktik begonnen haben und auch *Tonglen,* die Praktik der Mitgefühls, ausüben. Wenn man anfängt, sich überlegen zu fühlen, oder das Mitgefühl für andere nachlässt anstatt zuzunehmen, hat man den Pfad nicht wirklich verstanden.

Nachdem Betty ihr Paket mit der Medizin in Empfang genommen hatte, verließen wir die Klinik und gingen wieder zum Hotel zurück. Ich spürte mein blaues *Ratna Samphel* in meiner Tasche und erkannte, dass mir für die juwelähnliche Pille nichts berechnet worden war. Vielleicht hatte ich genug gutes Karma geschaffen, um diesen Segen zu empfangen, nachdem ich so viele Menschen in meiner Naturheilklinik in Mount Shasta ohne Berechnung behandelt hatte.

Da dies unser letzter Abend in Lhasa war, verabredeten Betty und ich, uns im Speisesaal des Holiday Inn zum Abendessen zu treffen. Am vielseitigen Buffet häufte ich meinen Teller mit dampfendem Gemüse, wonach ich während der Reise so ein Verlangen gehabt hatte. Während wir aßen, versuchte ich Bettys Beschwerden über Steve und den Reiseveranstalter nicht zu beachten, den sie nun wegen falscher Darstellung zu verklagen drohte. Nachdem wir gegessen hatten, war ich überrascht, als Betty zum Desserttisch ging und sich zwei Windbeutel mit Schlagsahne aussuchte.

„Die würde ich an deiner Stelle nicht essen", warnte ich, „Denk daran, was der Arzt heute Morgen gesagt hat".

„Oh, das ist das Holiday Inn", sagte sie, und war anscheinend überzeugt, dass die westliche Aura der Sauberkeit sie vor Schaden schützen würde. Doch am nächsten Morgen, als wir uns in der Hotelhalle trafen, hatte ihr Gesicht eine grünliche Tönung und sie hatte Magenschmerzen. Während wir bei der Tür auf Lobsang warteten, damit er uns mit seinem Auto zum Flughafen brachte, sagte sie, dass sie sich während der Nacht erbrochen hatte und nun Fieber habe.

KAPITEL 16

DAS ERSCHEINEN
DER GÖTTLICHEN MUTTER

Als wir am Flughafen von Lhasa ankamen, um den Rückflug nach Kathmandu anzutreten, erwähnte Steve, dass das Touristikunternehmen Lobsang und Karma nur einen minimalen Lohn bezahlten, und es nett wäre, wenn Betty und ich ihnen eine Zuwendung gäben. Betty reagierte flink und sagte, man hätte ihr ohnehin schon zu viel berechnet.

Ich holte meine Geldbörse heraus und sah, dass ich noch ungefähr fünfzig Dollar in chinesischen Renminbi hatte, also steckte ich je die Hälfte davon in zwei Briefumschläge, die Steve dabei hatte. Als wir beim Flughafen aus dem Auto stiegen, überreichte Steve einen Umschlag an Karma, den anderen an Lobsang.

Beide verbeugten sich und erhoben in Dankbarkeit ihre gefalteten Hände zur Stirn. Ich wandte mich gerade meinem Gepäck zu, als Karma auf mich zutrat und mir ein kleines Bild von der Weißen Tara in die Hand drückte, der Göttin, die Weisheit, Reinheit, Heilung und ein langes Leben verkörpert. Berührt von ihrer Liebenswürdigkeit, verbeugte ich mich ebenfalls und hielt das Bild über meinen Kopf, wie es Tibeter machen, wenn sie einem heiligen Gegenstand Verehrung erweisen.

„Sie wird über Sie wachen", sagte Karma. „Ich habe Sie auf dieser Reise beobachtet und gesehen, Sie sind ein guter Mensch. Sie wollen anderen helfen. Ich übe die Praktik der Weißen Tara aus und habe bei ihr für Sie gebetet. Sprechen Sie ihr Mantra und sie wird Ihnen helfen:

*Om Tare Tuttare Ture Mama Ayuh Punya Jñana Pustim
Kuru Svaha*

*(Om Tare' Too-tare' Mama Aye-you Pun-ya Gyana Pootim
Kuru Swaha)*

Die Weiße Tara

In diesem Augenblick sah ich über Karma die ätherische Form der weiß gekleideten Tara, die weiße Lichtstrahlen in mein Herz heruntersandte. Während der ganzen Reise hatte ich sie nicht nach ihrer spirituellen Praktik gefragt, und erkannte nun, wie intensiv ihre Hingabe und Visualisierung sein musste.

Das Auto fuhr vom Bordstein los und ich winkte diesen beiden liebenswürdigen Menschen, die mein Fahrer und meine Übersetzerin gewesen waren, Auf Wiedersehen, nahm dann mein Gepäck auf und betrat den Flughafen. Ich empfand, dass mir Tibet und seine Menschen viel mitgegeben hatten, um es nach meiner Rückkehr in den Westen mit anderen zu teilen.

Am 10. März 2008 rief in Lhasa eine Gruppe auf dem Hauptplatz vor dem Tempel Jokhang „Freies Tibet", und chinesische Soldaten feuerten auf sie. Ungefähr 500 Tibeter starben, und Karma war anscheinend eine von ihnen. Lobsang wurde, obwohl er nicht zu den Protestierenden gehörte, zusammen mit weiteren 5000 Tibetern im Kloster Drepung zur „Umerziehung" eingesperrt. Sein Schicksal ist unbekannt.

KAPITEL 17

BETTYS TRANSFORMATION

Gerade waren wir im Flughafen, da verschlechterte sich Bettys Zustand. Kaum in der Lage zu gehen, wankte sie permanent zur Toilette. Steve hatte Bedenken, dass man sie überhaupt an Bord lässt. Um die Sache noch zu verschlimmern, war unser Flug um eine Stunde verschoben worden. Um die Zeit zu vertreiben, ging ich in eine Ecke des Warteraumes und fing an, *Tai Chi* zu üben. Nachdem ich einige Bewegungen gemacht hatte, kamen zwei chinesische Wachen mit Gewehren herbei. Ein Mann und eine Frau, und sie konnten nicht viel älter als achtzehn sein.

„Halt! Was tun Sie da?", fragte der Junge.

„Ja, was ist das?", fügte das Mädchen hinzu, und schaute neugierig zu.

„Tai Chi."

„Amerikanisch?"

„Nein, chinesisch! Haben Sie das nie zuvor gesehen?"

Sie schüttelten verblüfft ihre Köpfe und gingen fort. Ich war erstaunt. Während der zwei Generationen seit der Kulturrevolution hatten die Kommunisten das ganze Wissen einer Gesundheits-Praxis eliminiert, das Jahrtausende Teil der chinesischen Kultur gewesen war. Obwohl es die Wachen nicht verboten hatten, dachte ich, es wäre besser, unauffällig zu bleiben, also ging ich zurück und setzte mich neben Betty und Steve, um auf unser Flugzeug zu warten.

Als ich Steve erzählte, dass die Wachleute *Tai Chi* nicht erkannt hatten, meinte er, es würde bestimmt eine Wiederbelebung erfahren. Sogar Buddhismus werde in China wieder praktiziert. Er hatte gehört, dass hohe kommunistische Beamte in Beijing regelmäßig einen buddhistischen Tempel besuchten, um bei einem tibetischen Lama Vajrayana-Unterricht zu erhalten. Seine Vorhersage überraschte mich nicht, da ich mich an mein Studium der Geschichte erinnerte, dass viele kulturelle Bräuche eroberter Völker oft in die Kultur der Eroberer aufgenommen werden. Jedoch unterdrückten die Chinesen noch immer die freie Ausübung des Buddhismus in Tibet.[29]

Während des Wartens bemerkte ich, dass es Betty noch immer schlecht ging, und ich beschloss, für sie die Praxis des Medizin-Buddha anzuwenden. Ich wandte meine Aufmerksamkeit nach innen auf das wunscherfüllende Juwel in meinem Herzen und begann das Mantra. Ich stellte mir vor, dass der Lapislazuli-Körper[*] des Heilgottes auf einem goldenen Thron in der Mitte eines Mandala saß, das den ganzen Flughafen umfasste. Strahlen intensiven blauen Lichtes erstrahlten in alle Richtungen in den Raum. Um ihn herum waren die Herren der Vier Himmelsrichtungen. Im Himmel darüber bildeten zehn Erzengel einen Ring, und jeder von ihnen strahlte Heilstrahlen aus. Ein Strahl blauen Lichts schoss aus dem Herzen der Medizin in das Herz von Betty, und ich stellte mir vor, dass sich ihr Körper mit blauem Licht anfüllte. Ich sah keine sofortigen Ergebnisse, aber ich wusste, dass ich ihr irgendwie geholfen hatte, ihr Leiden zu lindern, da jeder Gedanke eine Wirkung hat. Ich wusste auch, dass ich durch die Ausführung dieser Praktik den Geist eines jeden Menschen im Flughafen irgendwie unumkehrbar verändert hatte.

Endlich kam dann das Flugzeug, und wir brachten Betty ohne Zwischenfall an Bord, während des Fluges jedoch schaute sie aus, als würde sie sterben. Es war eine Erleichterung, als das Flugzeug in

---

[29] Die Chinesen zerstören zur Zeit eine der größten religiösen Einrichtungen der Welt, das buddhistische Kloster Larung Gar, von dem berichtet wurde, dass es eine Einwohnerschaft von 40.000 Mönchen und Nonnen habe, viele davon Chinesen. Die chinesische Regierung ließ verlauten, dass die Einwohnerschaft bis Ende September 2017 auf 5000 reduziert werden soll.

[*] Lapislazuli: Blaues, manchmal auch grünliches bis violettes Aggregat verschiedener Mineralien, das als Schmuckstein verwendet wird. [Anm. d. Übers.]

124

Kathmandu landete und uns ein Taxi zum Hotel Shambhala brachte. Betty humpelte auf ihr Zimmer und Steve und ich gingen hinaus in den Garten auf einen Tee, bevor wir uns verabschiedeten.

Ich dankte ihm für die Expedition und seine Lehren, besonders da der Reiseveranstalter, für den er arbeitete, gesagt hatte, er würde die Tour streichen. Er gestand, dass er die Arbeit als Führer kündigen würde, da er für die letzte Tour nicht bezahlt worden war, und er bezweifelte, dass er für diese Tour bezahlt würde. Er hatte unsere Ausgaben aus eigener Tasche beglichen und hoffte, schließlich doch irgendwann eine Vergütung zu erhalten.

Als wir unseren Tee ausgetrunken hatten, erinnerte ich mich an die Erscheinung des Dalai Lama. Ich hatte fast vergessen, dass er gesagt hatte, dass er etwas für mich zu tun habe, und ich fragte Steve, was er glaube, was ich nun tun sollte.

Er schaute mir direkt in die Augen und sagte, „Du kannst eine Bitte vom Dalai Lama nicht ignorieren. Gehe ihn in Dharamsala besuchen. Er wir dich empfangen, wenn es so bestimmt ist."

Wir umarmten uns und sagten auf Wiedersehen. Ich schaute wehmütig zu, als der hoch gewachsene Amerikaner, der in den vergangenen paar Wochen mein Gefährte, Führer und Lehrer gewesen war, aus dem Garten schritt, nachdem er sich aus seinem Suhl erhoben hatte.

Ich schaffte es, einen Flug nach Dharamsala zu buchen, der in zwei Tagen ging, und so hatte ich zwei Tage, um Kathmandu zu erkunden. Aber zuerst wollte ich nach Betty schauen, die ich nicht gesehen hatte, seit sie tags zuvor so sterbenskrank war. Ich ging zu ihrem Zimmer und traf das Zimmermädchen, die ihr leeres Zimmer reinigte, und sie hatte keine Ahnung, wohin der Gast gegangen war. Ich fragte mich, ob sie in ein Krankenhaus gebracht worden war, oder sogar verstorben war? Ich ging nach unten, um mich zu erkundigen.

Während ich beim Empfang wartete, drückte mir ein tibetisches Mädchen, das im Hotel arbeitete, einen Zettel in die Hand und huschte davon. Auf dem Zettel stand eine Adresse in Kathmandu. Ich ging sofort nach draußen und stieg in das Taxi, das vor dem Hotel parkte und reichte dem Fahrer den Zettel mit der Adresse. Ich wurde bald vor einem heruntergekommenen Ziegelhaus abgesetzt. Eine tibetische Frau kam auf die Straße, als hätte sie auf meine Ankunft gewartet, nahm mich bei der Hand und führte mich in ihr Haus. Ich fand Betty im hinteren Teil an der Wand sitzen. Es schien ihr viel besser zu gehen.

Sie erzählte eine bemerkenswerte Geschichte, dass ihr, während sie im Bett lag, ein Wesen aus blauem Licht erschienen war, das einen Lichtstrahl von seinem Herzen in ihres sandte. Er sagte, dass sie in Ordnung sei, und er werde jemanden schicken, der ihr hilft. Dann verschwand er. Als am nächsten Morgen das Zimmermädchen kam, um das Zimmer herzurichten, und sah, wie krank sie war, nahm sie sie mit nach Hause zu ihrer Familie. Sie sagten, wenn sie schon von so weit her gekommen sei, um das tibetische Volk zu besuchen, dann sei das Mindeste, was sie tun konnten, dass sie sich um sie zu kümmerten. Sie wollten kein Geld annehmen.

„Diese Krankheit war ein Segen", sagte Betty. „Obwohl ich in der Sonntagsschule lehre und Geschichten über die Barmherzigkeit Jesu erzähle, habe ich in meinem ganzen Leben immer nur an mich gedacht. Diese Menschen sind so liebenswert. Wenn ich in die Staaten zurückkomme, werde ich versuchen, mehr wie sie zu sein. Diese Tibeter sind christlicher als ich es bin."

Dann erzählte sie eine bemerkenswerte Geschichte, die in ihrer Kindheit begann. Sie war die Jüngere von zwei Töchtern, und sie wuchs mit dem Gefühl auf, dass ihr Vater die ältere Schwester bevorzugte. Ganz gleich, was sie tat, um ihn zufriedenzustellen, es war nie gut genug. Sie empfand das als ungerecht. Nachdem das Wesen aus blauem Licht verschwunden war, träumte sie von einem früheren Leben, in dem sie ein Mann gewesen war. Sie war der Vater zweier Töchter, und sie bevorzugte die Ältere. In diesem gegenwärtigen Leben war dieses Mädchen ihre ältere Schwester. Was sie in diesem früheren Leben getan hatte, war nun das, was ihr in diesem Leben angetan worden war.

„Es scheint so, dass das Leben doch gerecht ist", sagte sie.

„Ja, die Erkenntnis, dass wir die Schöpfer unserer eigenen Leben sind, ist einer der ersten Schritte bei jeder spirituellen Praktik", antwortete ich. „Dann können wir aufhören, das Leben als ungerecht zu tadeln, und können tatsächlich schauen, was wir in uns ändern müssen, und indem wir das tun, erschaffen wir eine andere Zukunft."

„Du scheinst viel über diese Dinge zu wissen. War es das, worüber du und Steve die ganze Zeit gesprochen habt?"

„Dies und andere Dinge."

„Welche anderen Dinge?"

„Wir redeten darüber, wie die Anhänger des New Age zu dem Glauben kamen, dass es das Ziel sei, das Leben so zu manipulieren, dass es komfortabler ist und die eigenen selbstsüchtigen Begierden erfüllt, statt Weisheit und Mitgefühl zu erlangen."

„Es sieht so aus, Betty, dass du, während du krank warst, das Wichtigste von allem erkannt hast, nämlich dass das Leben kostbar ist und jeden Augenblick zu Ende sein kann, und dass wir aus jedem Moment das Beste machen sollten."

„Das stimmt", seufzte sie, „und worüber noch?"

„Nun, das Wichtigste ist, zu verstehen, dass das meiste Leiden von dem Verlangen nach dem herrührt, was nicht wirklich ist. Das Leben ist nicht von Dauer, und alle Aspekte des Lebens sind nur relativ real und ändern sich fortwährend, also, nach dem Glück in diesem *Samsara* zu greifen, führt zwangsläufig zu Leid. Was uns heute glücklich macht, das macht uns morgen unglücklich. Meine Lehrerin, Pearl, erzählte immer Geschichten, dass die eine Hälfte der Menschen, die zu ihr kamen, sich nach einer Beziehung sehnten, und meinten, das Leben wäre so viel besser, wenn sie einen Partner hätten. Die andere Hälfte der Leute beklagte sich darüber, dass sie in einer Beziehungsfalle gefangen seien, dass das Leben so viel besser wäre, wenn sie frei wären. In Wirklichkeit kann Glück nur von innen kommen, nicht von außen, von irgendeiner Person, einem Ort, einem Zustand oder einem Ding."

„Oh, da wir gerade von Dingen reden", sagte Betty, „Ich habe etwas, das ich dir geben möchte."

Sie bat mich, ihren Rucksack zu holen, da sie immer noch zu schwach war, um aufzustehen. Nachdem sie eine der Seitentaschen durchwühlt hatte, zog sie einen Gegenstand heraus, der in ein Tuch eingewickelt war, und reichte ihn mir. „Da, ich habe mich schlecht gefühlt, das genommen zu haben, da ich glaube, dass es für dich bestimmt war."

Ich wickelte das Tuch auf und fand den Kristall, den mir das kleine Mädchen bei den Berghängen unterhalb des Palastes von Yambulagang in die Hand gelegt hatte.

KAPITEL 18

DIE BITTE DES DALAI LAMA

A m folgenden Tag ging ich an Bord des Flugzeuges nach Dharamsala, um den Dalai Lama ausfindig zu machen. Nachdem ich in der Stadt angekommen war, nahm ich ein Zimmer im Chonor House, von dem die Reisehandbücher sagten, es gewähre eine ungehinderte Sicht auf die Residenz des Dalai Lama. Ich wollte so nahe wie möglich sein, da ich im Besonderen gekommen war, um herauszufinden, welche Mission er im Sinn hatte. Auch wenn er mir nur auf der inneren Ebene erschienen war, nahm ich das ernster als wenn ich einen unterschriebenen Brief bekommen hätte. Ich ließ meine Reisetasche im Zimmer und ging hinunter zur Eingangsterrasse, von wo aus man auf die Stadt schauen konnte und eine ungehinderte Aussicht auf den gegenüberliegenden Hügel hatte, wo die Residenz liegen sollte, sah aber nur einen immergrünen Wald.

Der Dalai Lama auf dem Weg von seiner Wohnung zum Amtssitz.

Als ich zum Empfang ging, um mich über einen Termin für eine Audienz beim Dalai Lama zu erkundigen, verzog der Angestellte sein Gesicht zu einem breiten Grinsen und lachte, „Haben Sie Beziehungen? Sogar wenn Richard Gere, der Hollywood-Schauspieler, mit einem Termin hierherkommt, um Seine Heiligkeit zu besuchen, muss auch er manchmal noch warten.“

Enttäuscht bat ich um Aufklärung, wo genau Seine Heiligkeit wohnt. Ich hatte gehört, dass er jeden Morgen einen Spaziergang um das Grundstück seines Hauses machte, und dachte, wenn ich da stünde, würde er bestimmt stehen bleiben und mit mir sprechen.

„Es ist das große gelbe Gebäude da ganz oben auf dem Hügel“, sagte der Angestellte, und zeigte auf den Hügel, auf den ich gerade geschaut hatte. Ich war verblüfft, dass ich nicht das sah, was er sah, dankte ihm jedoch und ging hinauf in mein Zimmer, um zu meditieren. Wie sollte ich mit dem Dalai Lama sprechen, wenn ich noch nicht einmal sein Haus finden konnte? Ich bat mein Höheres Selbst, den Weg freizumachen, da ich wusste, dass Saint Germain einen Plan haben musste, und er mich nicht umsonst hätte hierher kommen lassen.

Plötzlich dachte ich an das wunscherfüllende Juwel, das ich schnell in einer Reißverschlusstasche im Rucksack verstaut hatte. Würde es wirklich Wünsche erfüllen? Ich beschloss das herauszufinden. Ich fand das zerknitterte Stück Papier, das mir der Arzt in die Hand gedrückt hatte, als wir aus seinem Büro gingen, auf dem erläutert war, wie die Pille einzunehmen war:

Zerbreche das Höchst Kostbare wunscherfüllende Juwel am Abend vorher, setze es nicht dem direkten Licht aus, und löse das Pulver in einer Tasse mit etwas heißem Wasser auf. Am nächsten Morgen vor Sonnenaufgang fülle die Tasse mit heißem Wasser und rühre mit dem Ringfinger deiner rechten Hand, während du das Mantra des Medizin-Buddha neun

Mal rezitierst. Dann trinke die Flüssigkeit und leg dich für eine Stunde wieder ins Bett, zugedeckt mit wärmenden Decken. Entferne aus deinem Speiseplan: Rohkost, Zwiebeln, Knoblauch, Chilli, Tierprodukte, und unterlasse sexuelle Aktivitäten. Das wunscherfüllende Juwel in diesem Leben zu erhalten, ist ein seltener Segen, und dir konnte diese Gelegenheit zuteilwerden als Ergebnis früheren guten Karmas. Verschwende es nicht! Um den Erfolg der Pille bei der Transformation deines Wesens auf allen Ebenen zu sichern, befolge diese Anweisungen genauestens.

Bevor ich zu Bett ging, zerbrach ich die murmelähnliche Pille in einer Tasse und bedeckte das braune Pulver mit einem Bild des Medizin-Buddha. Wenn diese Pille wirklich die Kraft hatte, Wünsche zu erfüllen, worum sollte ich bitten? Zuerst dachte ich an eigennützige Dinge wie vollständige Gesundheit; aber der Arzt hatte schon gesagt, dass ich bei bester Gesundheit sei. Dann dachte ich daran, um unbegrenzten Reichtum zu bitten, damit ich den Meistern dienen konnte, ohne mir je Gedanken über Geld zu machen; aber dann wurde mir klar, dass ich für meinen Bedarf immer genug Geld zu haben schien. Schließlich begriff ich, dass ich nicht mit einer Einstellung des Eigennutzes bitten musste, und bat dann um den Kontakt mit dem Dalai Lama, da dies anscheinend der Grund gewesen war, warum ich hierher geschickt worden war. Abschließend bat ich um die Weisheit, anderen von Nutzen zu sein.

Ich stand bei Tagesanbruch auf, ging hinunter zum Speisesaal und holte eine Thermosflasche mit heißem Wasser, die ich mit ins Zimmer nahm. Ich goss das Wasser in das magische Pulver und rührte die trübe Flüssigkeit im Uhrzeigersinn mit meinem Ringfinger um, wie es die Anweisung war. Nach Rezitieren des Medizin-Buddha-Mantra schluckte ich die Flüssigkeit hinunter, gerade als die Sonne über den Hügeln aufging, und legte mich dann wieder ins

Bett. Ich deckte mich mit der warmen Daunendecke zu und schlief sofort ein.

Pearl Dorris[*]
frühere Assistentin von Godfrey Ray King

---

[*]   Zu Pearl Dorris siehe mein Buch, *Lady Master Pearl. In Erinnerung an meine Lehrerin Pearl Dorris*, BoD, 2016.

Ich träumte von Pearl, meiner früheren Lehrerin, die vor einigen Jahren ihren physischen Körper verlassen hatte. Wir saßen uns mit offenen Augen gegenüber, wie wir es oft getan hatten, und meditierten auf die ICH BIN Gegenwart, die in jedem von uns erschien. Als sich unsere Herzen öffneten, floss zwischen uns und um uns herum eine Strahlung, die uns in einen Lichtnebel einhüllte.

Obwohl sie nichts sagte, hörte ich ihre innere Stimme, „Peter, das wunscherfüllende Juwel ist kein Gegenstand, sondern eine Tat. Es ist das Handeln der Mutter, die alles zur Manifestation bringt – und diese rufst du durch deine Absicht, deine Gedanken, deine Liebe und das gesprochene Wort zum Handeln auf. Es gibt nichts, das existiert, das nicht aus der Mutter hervorgegangen ist, und diese schöpferische Aktivität in dir ist das wahre wunscherfüllende Juwel.

„Wenn deine Aufmerksamkeit auf dieser Inneren Flamme ruht und du sagst, ‚ICH BIN‘, dann rufst du das wunscherfüllende Juwel zum Handeln auf“, sagte sie und zeigte auf ihr Herz. „Du musst es nur annehmen und deiner Liebe erlauben, in deine Visualisierung zu fließen. Dann lass los. Worauf deine Aufmerksamkeit liegt, das rufst du ins Dasein. Jedes Mal, wenn du sagst, ‚ICH BIN‘, rufst du deine Gottgegenwart zum Handeln auf. Nun verwende dieses Juwel, um ein Meister zu werden!“

Pearl löste sich allmählich in Licht auf, und ich wachte auf. Ich setzte mich zum Meditieren auf, und während ich mich noch immer von ihrer Strahlung umhüllt fühlte, affirmierte ich,

ICH BIN das lebendige Licht.

Während das Licht zunahm, betete ich wieder, zu wissen, warum ich hierher geleitet wurde. Ich affirmierte,

*ICH BIN die erleuchtende, offenbarende Gegenwart, die mit
zeigt, warum ich hier bin.*

Ich erfülle jetzt meine göttliche Mission.

Plötzlich erinnerte ich mich, dass eine langjährige Freundin, Kathi Unger, eine Patenschaft für zwei Geschwister im Tibetischen Kinderdorf, der Internatsschule des Dalai Lama in den Bergen, übernommen hatte.[30] Sie hatte mich gebeten, die Mädchen Dechen und Drolma zu besuchen, falls ich je in Dharamsala sein sollte. Die Stärke der Energie, die ich spürte, schien zu bestätigen, dass ich das tun sollte, denn es schien wenig wahrscheinlich, dass ich den Dalai Lama in absehbarer Zeit besuchen würde.

Ich wanderte auf dem Pfad durch den Wald hinauf zum Dorf, aber als ich namentlich nach den Mädchen fragte, gab es Verwirrung. Viele Mädchen hatten dieselben Namen, von denen alle auf einen amerikanischen Besucher erpicht waren. Schließlich fanden sie das Geschwisterpaar und brachten es zur Cafeteria, damit wir uns bei einer Tasse Tee kennenlernen konnten. Mit großen Augen kicherten die Mädchen, wie sehr sie mich als Darsteller in dem Film *Sieben Jahre in Tibet* mochten, dem preisgekrönten Film über den Österreicher Heinrich Harrer, der 1944 aus dem britischen Kriegsgefangenenlager in Indien floh, nach Tibet wanderte und ein Berater des Dalai Lama wurde. Sie waren enttäuscht, als ich ihnen klar machte, dass der Schauspieler Brad Pitt war. Sie waren auch nicht beeindruckt davon, als ich ihnen erklärte, dass ich einen Vorfahren hatte, der tatsächlich achtzig Jahre vor Heinrich Harrer Tibet betreten hatte.

---

[30] Um ein Kind im Tibetischen Kinderdorf zu fördern, siehe deren Webseite: www.tcv.org.in.

Nach einem Plausch führten Sie mich in ihrer Schule umher. Ich war entsetzt, dass sie keine Heizung hatten. Sogar im Winter mussten sie kalt duschen und ihre Kleidung im eisigen Wasser von den Gletschern mit der Hand waschen. Darüber hinaus schienen ihre mageren Malzeiten für wachsende Kinder kaum angemessen zu sein. Doch waren die Mädchen bei guter Stimmung. Drolma sprach stockend Englisch, aber Dechen sprach fließend Englisch und agierte als Übersetzerin.

Als ich ihnen erzählte, dass mir der Dalai Lama erschienen war und mich bat, etwas für ihn zu tun, ich aber nicht wusste, wie ich ihn kontaktieren konnte, sagte Dechen, „Oh, keine Sorge, mein Onkel hilft dem Dalai Lama jeden Tag. Vielleicht kann er ein Treffen vereinbaren! Ich werde ihm sagen, dass Sie im Chonor House wohnen".

Über diese Wende der Ereignisse war ich überglücklich. Ich würde den Dalai Lama am Ende doch besuchen können! Als ich mich anschickte fortzugehen, fragte Dechen, ob sie mich um Hilfe bei ihren Hausaufgaben bitten dürfte, besonders in amerikanischer Geschichte. In dem Glauben, von ihr nicht sehr oft zu hören, stimmte ich zu und gab ihr meine Emailadresse.

Bis ich den Pfad zurück zum Hotel abgestiegen war und am Computer des Hotels meine Emails einsah, hatte sie schon um Hilfe gebeten. Sie fragte mich nach dem Präsidenten Andrew Jackson, über den ich nichts wusste, doch am Ende der Email war ein Zeile, die mich elektrisierte, „Mein Onkel, Lama Tenzin, wird Sie heute Abend um 18 Uhr besuchen. Er wird versuchen, für Sie einen Besuch bei Seiner Heiligkeit in die Wege zu leiten".

Es begann Energie durch mich hindurchzuströmen. Kam das von der Aussicht, den Dalai Lama zu treffen, oder war es die verzögerte Wirkung des wunscherfüllenden Juwels? So oder so, zur Abendzeit ging ich draußen beim Hotel auf und ab. Ich ging zur Eingangsterrasse hinaus und schaute hinunter auf die Dächer der Stadt McLeod Ganj, ging dann zum Meditieren hinauf in mein

Zimmer, und dann wieder hinunter zur Eingangsterrasse. Jedes Mal, wenn ich wieder zur Eingangsterrasse ging, hielt ich wieder Ausschau nach der Residenz des Dalai Lama, wo ich sicher bald zu Besuch sein sollte, aber trotz des klaren Wetters war da nichts zu sehen.

Schließlich zwang ich mich dazu, mich hinzusetzen und meinen Geist zu beruhigen, aber es kam der Angestellte vom Empfang und verbeugte sich, „Sir, ein Lama Seiner Heiligkeit ist hier. Soll ich ihn herausbringen?"

„Ja, bitte", sagte ich und sprang auf meine Füße.

Bald stand ein liebenswerter Mönch in einer kastanienbraunen Robe vor mir, und ehe ich mich versah, verbeugte er sich und hängte eine weiße *Kata* (ein seidener Zeremonienschal) um meinen Hals.

„Ich bin Tenzin, Dechens Onkel; ich freue mich so, Sie zu treffen. Wie gefällt Ihnen das Hotel?"

„Sehr gut, nur hatte ich erwartet, von hier aus die Residenz Seiner Heiligkeit sehen zu können."

„Wieso, sie ist doch gleich dort", sagte er und zeigte auf den angrenzenden Hügel, wohin ich so oft geschaut hatte.

Er hatte recht! Da war sie. Der Wald war verschwunden und an seiner Stelle war ein großes, hell gelbes Gebäude, das den größten Teil der Kuppe für sich beanspruchte. Als ich ihm erklärte, dass ich sie bis zu diesem Augenblick nicht sehen konnte, erläuterte er mir, dass die spirituelle Praktik der Mönche es unsichtbar machen konnte. Seine Gegenwart schien mir zu gestatten, den Schleier zu durchdringen.

Während wir der untergehenden Sonne zuschauten, bemerkte ich, dass mich die Wanderung hinauf zur Schule und wieder herunter hungrig gemacht hatte, und ich fragte Tenzin, ob er mit mir zu Abend essen wollte. Er lächelte und sagte, das wäre eine willkommene Abwechslung zur eintönigen Klosterküche.

Beim Essen erwähnte ich, dass das Erscheinen des Dalai Lama der Anlass war für meinen Besuch in Dharamsala. Tenzin sagte, er könne nichts versprechen, er würde aber versuchen, ein Treffen zu arrangieren. Zum Überbrücken der Zeit bot er mir für den nächsten Tag einen Rundgang zu den heiligen Stätten an. Er wollte mir zeigen, wo er am Institute of Buddhist Dialectics buddhistische Philosophie lehrte, und dann zum Medizinischen Institut weitergehen. Schließlich wollte er mich bei dem Ehrwürdigen Thupten Ngodup einführen, dem gegenwärtigen Nechung Orakel, auf das sich der Dalai Lama bei der Führung des tibetischen Volkes stützte.[31]

In der folgenden Nacht hatte ich einen lebhaften Traum von einem früheren Leben in der Mongolei. Ich saß auf einem Pony und galoppierte einer Gruppe eindringender Krieger davon. Meine Frau saß hinter mir und umfasste mit ihren Armen meine Taille. Plötzlich rang sie nach Luft. Ein Pfeil hatte sie in den Rücken getroffen. Ich hielt das Pferd an und sie sank zu Boden. Als ich den Pfeil herausriss, schaute sie zu meinen Augen auf und sagte mit ihrem letzten Atemzug, „Mein Geliebter, ich bin glücklich, dass ich dich beschützen konnte. Finde mich in einem künftigen Leben wieder". Dann war sie tot.

Ich sprang auf mein Pony und ritt wie der Wind, galoppierte davon, quer durch die gefrorene Steppe. Ich fühlte heiße Tränen meine Wangen herunterrinnen, und hoffte, für ewig weiterreiten zu können, ohne anzuhalten.

Ich wachte mit feuchten Wangen auf, und ich wusste, Dechen war das Mädchen, das zurückgekommen war. Ich hatte sie gefunden, wie sie es erbittet hatte. Nun wusste ich, warum mich der Dalai Lama hierhergerufen hatte. Obwohl Dechen jetzt ein junges Mädchen von sechzehn Jahren war, und ich dreimal so alt, hatte meine

---

[31] Das Nechung Orakel ist der Schutzgeist, der in den Körper des Mönchs eintritt, bekannt als das *Kuten* (Fahrzeug), der sich für diesen spezifischen Zweck inkarniert hat.

ewige Liebe zu ihr die Jahrhunderte überdauert. Ich wusste, dass ich für sie alles tun würde.

Als am nächsten Morgen ihr Onkel beim Hotel ankam, bemerkte ich, dass sich die Beschäftigten ehrfürchtig verbeugten. Es berührte mich, dass dieser gütige Mensch, der normalerweise damit beschäftigt war, die Exilregierung Tibets leiten zu helfen, mir einen Rundgang angeboten hatte. Als wir hinuntergingen zum McLeod Ganj, legte er die Schwierigkeiten dar, die tibetische Kinder haben, um ein Stipendium zu bekommen. Mit ein oder zwei Ausnahmen wurden alle indischen Stipendien an indische Kinder vergeben, und die meisten tibetischen Kinder konnten kein Internat besuchen.

Ich behielt die Offenbarung über seine Nichte für mich, da ich wusste, es wäre unklug, über innere Erlebnisse zu sprechen, es sei denn, man bekommt unmittelbare Führung, es zu tun. Während wir gingen, dachte ich jedoch an das College of the Syskiyous, das Community College am Fuße des Mount Shasta, das viele Schüler aus dem Ausland besuchten. Drolmas Englisch reichte nicht aus, aber Dechen sprach fließend und würde dort gut mitkommen.

„Warum bewirbt sich Dechen nicht bei einem amerikanischen College?", fragte ich. „Da gibt es sogar eines in der Nähe meines Wohnortes."

„Er blieb wie angewurzelt stehen und schaute mir direkt in die Augen, „Würden Sie ihr helfen?"

„Sicher, gerne", sagte ich nichts ahnend der Schwierigkeiten, die sich aus diesen wenigen Worten ergeben würden.

Bald kamen wir zum Institute of Buddhist Dialectics, und er führte mich hinein. Im Obergeschoss zeigte er mir einen Klassenraum, der auf den ersten Blick nicht anders aussah als jeder andere Klassenraum in einem College auch, aber er überraschte mich mit der Frage, was ich studierte.

„Ich studiere die ICH BIN-Lehre", sagte ich.

„Was ist das?"

„Der Kern ist, wenn man die Worte ‚ICH BIN' sagt, dass man sein Gott-Selbst zur Handlung aufruft."

„Ah ja, das Dharmakaya, aber du kannst nur im nicht-dualen Bewusstsein mit diesem Aspekt deines Selbst eins sein. Andernfalls fängst du an zu glauben, deine Persönlichkeit sei Gott und wirst zu einem Egomanen."

Dann erinnerte ich mich an ein Gespräch, das ich in Mount Shasta mit dem Barista des Seven Sun Cafe hatte. Er sagte, er könne die ICH BIN-Schüler nicht ausstehen, weil sie sich so arrogant aufführten. „Wir zucken alle zusammen, wenn sie hereinkommen, weil sie uns wie Dreck behandeln".

Auch Pearl hatte gesagt, dass sie froh war, als sie, aus dem gleichen Grund, aus der I AM Activity ausgetreten war, dass die meisten Schüler das waren, was sie „Outer people" nannte, und die besessen waren von ihrem Bestreben, jeden und alles zu kontrollieren, und glaubten, weil sie über die Aufgestiegenen Meister Bescheid wussten, gegenüber anderen gewissermaßen etwas Besseres zu sein, als jene, die nichts von ihnen wussten. Sie war erleichtert, als Jahre später die „Inner people", die Meditation praktizierten, an ihrer Tür erschienen. Sie brauchte ihnen nur zu sagen, sie sollen ihre Aufmerksamkeit nach innen richten und die Gegenwart in ihren Herzen fühlen. Keine Menge an Affirmationen konnte dieses innere Bewusstsein ersetzen.

„Möchten Sie hier studieren?", fragte Tenzin, „Ich könnte Ihnen Zutritt verschaffen."

„Wie lange geht ein Kurs?", fragte ich und prüfte in meinem Herzen, ob das ein Kurs war, von dem Saint Germain wollte, dass ich ihn besuchte.[32]

---

[32] Das Institute of Buddhist Dialactics bietet jetzt Online-Kurse auf Englisch an. Siehe: www.instituteofbuddhistdialectics.org.

„Siebzehn Jahre", antwortete er, „aber wir bieten jetzt kürzere Kurse in Englisch an."

„Danke für das Angebot", antwortete ich, „aber ich fühle, dass ich mehr dazu neige, durch Meditation zu lernen."

„Ah, ich wünsche mir, ich könnte meditieren", seufzte er.

„Tun Sie das nicht?", sagte ich, und war erschrocken, das von einem Lama zu hören.

„Nein, Seine Heiligkeit hält mich so damit beschäftigt, dieses Haus zu leiten und der Regierung zu helfen, dass ich kaum eine Möglichkeit habe zu meditieren. Natürlich stehe ich jeden Morgen um vier Uhr auf und bete."

Nachdem wir das Institute of Dialectics verlassen hatten, setzten wir den Rundgang fort zum Medizinischen Institut. Als wir zur Eingangstür hereinkamen, war dort wieder ein Thangka des Medizin-Buddha. Ich war Jahre zuvor von dem Meister Yu in die Medizin-Buddha-Praktik eingeführt worden, hatte aber seit langem aufgehört, es regelmäßig zu tun.[33] Wie in allen tantrischen Praktiken tritt man zuerst in einen wenigstens elementaren Zustand des Samadhi ein (meditative Versunkenheit), bei dem die Anhaftung an das Ego aufhört. Dann ruft man den Medizin-Buddha an und transformiert sich in ihn hinein. Die Gelöbnisse werden dann wie die ICH BIN-Affirmationen gesprochen, jedoch nicht mit dem Willen des Ego, sondern von dem Körper der Wahrheit des Höheren Selbst. Tenzin wiederholte sie nun für mich:

Ich gelobe, dass mein Körper wie brillante Lichtstrahlen leuchten soll auf diese unendliche und grenzenlose Welt, auf

---

[33] Meister Yu Tian Jian (1951-2011), unmittelbarer Nachfolger von Meister Huiling, dem 48. Maha-Acharya der Stammeslinie Hanmi. Diese Form des esoterischen Buddhismus gründet auf Sanskrit-Texten, die von dem tantrischen Meister Subhakarasimha im Jahre 716 aus Indien importiert wurden.

alle Wesen herabregnen soll, sie mit meiner Lehre von Unwissenheit und Sorgen befreien soll.

Ich gelobe, dass ich allen Wesen grenzenlose Weisheit gewähre und sie mit allem ausstatte, was sie brauchen.

Ich werde sie von jeder Art von Krankheit, Schmerzen, Leiden und Verzweiflung befreien, die von materialistischen Begehren herrühren.

Mögen alle Wesen sein wie ich, der Medizin-Buddha, von edlem Wesen, rechtschaffen in Geist und Seele, und schließlich Erleuchtung erlangen.

Als ich die Kraft dieses Gelübdes fühlte, erinnerte mich wieder an den Schwur, den ich Dechen gab, als sie in den Ebenen der Mongolei sterbend vor meinen Füßen lag. Ich wandte mich Tenzin zu und sagte, „Ja, natürlich werde ich ihrer Nichte in jeder mir möglichen Weise helfen."

Als am nächsten Morgen die Sonne über den Hügeln von McLeod Ganj aufging, wurde ich von einem Klopfen an der Tür aufgeweckt. Lama Tenzin kam herein und rief außer Atem, „Ich war gerade bei Seiner Heiligkeit, und er sagte, er ist sehr glücklich darüber, dass Sie Dechen nach Amerika bringen. Er spendet Ihnen seinen persönlichen Segen!"

Diese plötzliche Wende machte mich betroffen. Das vage Angebot, das ich gemacht hatte, verwandelte sich über Nacht in eine ernsthafte Verpflichtung. Als ich Hilfe anbot, hatte ich im Auge, dass ich ihr ein Antragsformular für ein Internat zusenden und ein Empfehlungsschreiben abfassen würde, nicht aber, dass ich sie nach Amerika bringen und für sie sorgen würde. Ich wusste noch nicht einmal, wie ich mich nach meiner Heimkehr selbst versorgen konnte, geschweige denn, Dechen zu unterhalten; aber ich war die Verpflichtung eingegangen und beabsichtigte, ihr nachzukommen. Dazu hat mich der Dalai Lama hierherkommen lassen, und dafür hat er mir seinen Segen gespendet.

Ich fragte mich, was Tenzin zum Dalai Lama wirklich gesagt hatte, und wie dieses einfache Angebot plötzlich zu einem lebensverändernden Ereignis geworden war. Es sah danach aus, dass jede Wahrnehmung von freiem Willen eine Illusion war, dass diese Reise nach Tibet und meine Wiedervereinigung mit Dechen vor unserer Geburt vorbestimmt worden war. Mein freier Wille bestand in der Wahl, ob ich mich dafür entscheide, an meinen Erfahrungen zu wachsen oder nicht.

Keiner von uns beiden hatte gefrühstückt, also gingen wir hinunter zum Speisesaal des Hotels. Er wollte mich unbedingt zu einem Treffen mit dem Nechung Orakel bringen. Ich fragte mich, ob ich ihn wohl um Führung bitten konnte? Aber ich spürte, wie mir Pearl im Inneren zuflüsterte, dass ich intuitiv wüsste, was zu tun war, wenn die Zeit dafür gekommen war, und dass ich nicht auf äußere Quellen schauen musste, was meine innere Stärke nur schwächen würde. Bis wir beim Nechung-Tempel ankamen, war das Orakel schon weggegangen. Vielleicht hatte seine Abwesenheit mich vor dieser Tendenz bewahrt, meine Energie an eine Autorität außerhalb von mir abzugeben. Stattdessen gab ich mich damit zufrieden, drinnen vor seinem Schrein zu beten. Ich erkannte, dass ich keine Klärung brauchte. War ich nicht meiner eigenen Führung nach Tibet gefolgt? Hatte ich nicht die Wahrheit über das wunscherfüllende Juwel entdeckt, dass es in meinem Herzen schon immer da war? Und doch hatte ich mich nach einem erleuchteten Lama gesehnt, der mir den nächsten Teil meiner Mission mitteilen würde, nämlich wie ich Dechen in die Vereinigten Staaten bekommen und was ich mit ihr tun sollte, wenn sie eintraf.

Ich verbeugte mich vor dem Schrein und betete, mir möge etwas von der Allwissenheit des Orakels gewährt werden. Ich ging nach draußen, traf mich wieder mit Tenzin und dankte ihm für seine Liebenswürdigkeit. Wir trennten uns hier, versprachen uns, in Kontakt zu bleiben, und ich ging dann zurück zum Chonor House. Im Internet konnte ich einen freien Platz finden in einem Flug am nächsten Tag nach Neu Delhi.

Das Hotel bot mir früh am nächsten Morgen einen Fahrer an, um mich zum Flughafen zu bringen. Ich wollte gerade in das Auto einsteigen, als ich den Leiter des Hotels und das Mädchen vom Empfang näherkommen sah. Der Leiter verbeugte sich mit gefalteten Händen und legte dann eine weiße *Kata* um meinen Hals. Das Mädchen tat dasselbe, und beide sagten, „Kommen Sie wieder und besuchen Sie uns".

Ihre Aufrichtigkeit berührte mich zutiefst, als käme sie nicht nur von zwei Menschen, sondern von allen Menschen in Tibet. Ich hatte auf dieser Reise mehr bekommen als ich erwartet hatte, mehr als ich je hätte selber planen können. Nur durch vollständige Übergabe an die ICH BIN-Gegenwart konnte sich alles so vollkommen entfalten. Vielleicht hatte ich das Kostbarste wunscherfüllende Juwel schon immer verwendet.

Als ich nach Mount Shasta zurückkam, begann ich mit dem schwierigen Unterfangen, für Dechen ein Visum zu bekommen. Da waren auch die Anträge für das Internat und die finanzielle Hilfe zu stellen sowie endlose Gespräche mit Beamten des indischen Konsulates, der amerikanischen Botschaft in Neu Delhi, dem Außenministerium, dem Ministerium für innere Sicherheit und dem US-Zolldienst zu führen. Glücklicherweise half Kathi, Dechens frühere Sponsorin, von sich aus, sie zu unterstützen und zu bezahlen, was durch ihr Stipendium nicht abgedeckt war. Nach einem neunmonatigen bürokratischen Alptraum war alles geregelt. Dechen würde bald kommen. Aber wo würde sie wohnen?

Ich übergab es in Meditation der ICH BIN-Gegenwart und affirmierte,

ICH BIN die Gegenwart und verschaffe Dechen die perfekte Bleibe.

Eine Woche später nahm ich an einer Medizin-Buddha-Praktik im Haus von Chloe teil, eine Dame am Ort, die oft Besuche von Deprung Mönchen nach Mount Shasta sponserte. Als ich Dechens Ankunft ankündigte, fragte Chloe, „Wo wird sie wohnen?"

„Ich weiß es nicht", gestand ich.

„Sie könnte bei mir wohnen", sagte Chloe von sich aus. „Vor einer Woche hatte ich einen Traum, in dem ein tibetisches Mädchen bei mir wohnte. Ich spüre, dass dies Dechen ist, und ich habe ein zusätzliches Zimmer."

Ich fuhr zum Flughafen von San Franzisko und traf Dechen, als sie ankam. Erschöpft vom tagelangen reisen war sie froh, dass sie schließlich an ihrem Zielort angekommen war. Sieben Stunden später trafen wir in Mount Shasta ein und ich hielt vor Chloes Haus. Sie musste an der Tür gesessen und auf unsere Ankunft gewartet haben, denn sobald Dechen aus dem Auto stieg, kam Chloe heraus, um sie zu begrüßen, und nahm Dechens Hände in ihre. Die zwei Frauen schauten sich in die Augen. Chloe hatte keine eigenen Kinder, aber sie schien eine Tochter gefunden zu haben. Mit Tränen in den Augen umarmten sie sich. Ich wusste, sie hatte ein gutes Zuhause gefunden.

Dechen schloss das Junior College mit Auszeichnung ab und wurde bald von einer Schwesternschule in Ohio angenommen, wo sie tibetische Freunde aus der Kindheit hatte. Eines Tages, als Dechen ihre Abreise vorbereitete, erfuhr ich von Chloe, dass das Nechung Orakel für ein Ritual nach Mount Shasta kommen und in ihrem Haus wohnen würde. Er würde am Sonntagnachmittag jeden segnen, der auftauchte. Ich dachte, das ist merkwürdig, dass ich ihn in Dharamsala verpasste, doch er nun dorthin kam, wo ich lebte. Es schien so, dass das, was sein sollte, tatsächlich geschah, ohne willentliche Handlung oder eine Anhaftung an irgendeinen Ausgang.

Der Ehrwürdige Thupten Ngodup, das Orakel, führte mit Unterstützung einiger Mönche die Segnung durch. Da im Haus nicht für alle Platz war, wurde die Zeremonie auf der Zufahrt abgehalten. Er hielt einen einführenden Vortrag, bei dem er die Vergänglichkeit aller Dinge betonte, einschließlich des Lebens selbst, und er betonte, wir sollten jeden Augenblick als kostbar ansehen – und an der Befreiung arbeiten, damit wir anderen nützen konnten.

Als er geendet hatte, stellten sich alle in einer Reihe hintereinander auf und traten einzeln vor ihn, um seinen Segen zu empfangen. Ich war der Letzte in der Reihe, und als ich vor ihm stand, hielt das Orakel inne. Er schaute mir in die Augen und fragte, „Was machen Sie hier?"

„Wie meinen Sie das?", fragte ich.

„Was *machen* Sie hier?", wiederholte er.

„Ich wohne hier", erklärte ich.

Er lächelte, nahm dann die metallene Statue von Chenrezig, dem Gott des Mitgefühls, und ließ sie mit einem dumpfen Plumps auf meinen Kopf fallen. Ich ging weg und fragte mich, warum er das gefragt hatte. Ich schaute auf und sah über mir einen Regenbogen, und begriff, dass das Orakel keine Antwort haben wollte. Es war eine Frage, die ich mir selbst beantworten musste. *Was mache ich hier?*

Dechen stand schüchtern unter einem Baum am Rand der Zufahrt, und ich ging zu ihr hin und fragte sie, „Warum hat er die Statue von Chenrezig genommen, um mich zu segnen?"

„Weil er den mitfühlenden Aspekt von Mahakala channelt."[34]

---

[34]   Mahakala ist ein Aspekt des Bewusstseins und kann in verschiedenen Manifestationen erscheinen, je nach der Absicht bei der Anrufung. Im Laufe der

„Was? Ich dachte, Mahakala sei immer schwarz und wütend."

„Oh nein, es gibt auch eine weiße Form, die Überfluss und Mitgefühl verleiht. Die weiße Form von Mahakala heißt *Chintamani*, das wunscherfüllende Juwel.[35] In deinem Inneren ist die schwarze wie auch die weiße Form. Ihre Aufgabe ist es, dir dabei zu helfen, die Illusion zu durchschauen, und zu schauen, ob du materielle Dinge verlangst, oder spirituellen Reichtum in der Form des erleuchteten Herzens des mitfühlenden Buddha."

Als ich sie verwundert anschaute, sah ich eine Sekunde lang das mongolische Mädchen, das vor so langer Zeit meine Frau gewesen war. Ich wollte etwas sagen, aber mein Herz war so erfüllt, dass ich nicht sprechen konnte. Dann drehte sie sich um und ging ins Haus. Es war das letzte Mal, dass ich sie sah, da sie am folgenden Tag nach Ohio abreiste.

Ich hatte mir oft gewünscht, über unser früheres gemeinsames Leben zu sprechen, aber die Zeit dafür schien nie passend. Die Meister sagten immer, man solle innere Offenbarungen für sich behalten, außer man werde dazu von ihnen anderweitig veranlasst. Jetzt, wo sie gegangen war, fühlte ich den gleichen Verlust wie damals, als sie in den Ebenen der Mongolei sterbend vor meinen Füs-

---

Zeit haben sich viele Aspekte geändert, je nach Intention und Abstammungslinie des Praktizierenden. Der Dämon, den Padmasambhava beim Kloster Samye unterwarf, war als Pehar bekannt, ein mächtiger Dämon der Klasse von Wesen, die als *Gyalpos* bekannt sind. Diese werden als die Seelen von Königen und spirituell Praktizierenden betrachtet, die ihr Gelübde brachen und sich gegen den Dharma wandten, um egoistische Ziele zu verfolgen. Es heißt, dass sie sich oft auf der Erde wiederverkörpern als Herrscher oder spirituelle Lehrer, deren Schwerpunkt auf dem Erwerb von Reichtum, Macht und Ruhm liegt. Man könnte meinen, dass viele Herrscher, Rockstars und andere ruhmeshungrige Zeitgenossen Verkörperungen dieser Klasse dämonischer Wesen sind, oder von ihnen beeinflusst werden.

[35] *Chintamani* ist ein anderer Name für *Rinchen Ratna Samphel*, das Höchst Kostbare Wunscherfüllende Juwel. In der westlichen Esoterik kennt man es als den Stein der Weisen. Der Besitz dieses Juwels erschließt einem die Weisheit der Buddhas.

sen lag. Ich wünschte mir, dass sie wieder nach draußen käme, und ich zum Ausdruck bringen könne, was mir am Herzen lag, drehte mich aber stattdessen um und ging durch die Auffahrt hinunter.

Ein Jahr danach, am tibetischen Neujahrstag, erhielt ich unerwartet eine Karte von Dechen. Außen war die Weiße Tara abgebildet. Auf der Innenseite schrieb sie:

Lieber Peter,

ich wollte Dir sagen, wie gut es mir geht. Ich besuche die Schwesternschule, damit ich eines Tages anderen helfen kann. Ich möchte Dir dafür danken, dass Du die Anstrengung auf Dich genommen hast, mich nach Amerika zu bringen. Ich weiß, Du hast für mich viel durchgemacht, aber Du hast mir ein Leben geschenkt, das ich anders nie bekommen hätte. Ich danke Dir von ganzem Herzen. Ich werde Dich immer lieben.

Deine Freundin

Dechen

KAPITEL 19

CHENREZIG – GOTT DES MITGEFÜHLS

ch saß in meinem Wohnzimmer auf dem Sofa und las Dechens Brief noch einmal. Wieder öffnete sich mein Herz und ich fühlte die Liebe, die ich vor langer Zeit empfunden hatte. Anstatt nach diesem Schmerz zu greifen und ihn noch einmal zu fühlen, beschloss ich, diese Sehnsucht zu transformieren.

Ich war mir meines Atmens bewusst und konzentrierte mich auf die Einatmung und Ausatmung, und erlaubte meinem Geist, sich zu beruhigen und zu entspannen, sodass ich den Schmerz in meiner Brust nur noch als eine dunkle Leere wahrnahm. Ich dachte mir, *wie viele andere Menschen muss es in diesem Augenblick geben, die den gleichen Schmerz fühlen,* und ich sah, wie ich in der Mitte eines unermesslichen Mandala voller unzähliger tausender Menschen war.

Ich begann das Mantra,

Om Mani Padme Hung.

Plötzlich tauchte vor mir die Vision von Dechen auf, die mich mit großer Besorgnis anschaute.

„Was willst du, Peter?", hörte ich sie im Inneren fragen.

„Ich wollte dir nur sagen, wie sehr ich dich liebe. Während deiner Zeit hier schien nie der geeignete Augenblick zu sein, dir das zu sagen."

„Ich weiß, aber ich fühlte es ohnehin."

„Wirklich?"

„Natürlich", antwortete sie, „und ich wollte dir auch danken, dass du mich wiedergefunden hast, und dafür, dass du mir einen

149

neuen Anfang in diesem Leben geschenkt hast. Vielleicht werden wir uns in einem zukünftigen Leben wieder sehen."

Für einen Augenblick schauten wir uns mit weit geöffneten Herzen in die Augen, und ein Lichtstrahl ging zwischen uns hindurch. Dechen wurde zunehmend leuchtend und transformierte sich allmählich zu Chenrezig, dem Gott des Mitgefühls.

Er saß in einer rosa Lotus, und ein goldener Buchstabe, Hung, erschien in der Mitte seiner Brust, der mit einem goldenen Licht zu glühen begann. Als ein Strahl dieses Lichts in mein Herz eindrang – war ich plötzlich Chenrezig, der in dem Lotus saß – und erkannte,

Ich bin Dechen, Ich bin Chenrezig,
Ich bin der Gott des Mitgefühls.

Aus der goldenen Sonne, die nun mein Herz erfüllte, ergossen sich tausende Lichtstrahlen in den Raum, ein Strahl drang in das Herz einer jeden Seele, die in meinem Mandala saß. Als jede diesen Liebesstrahl in sich aufnahm, verschwand die Dunkelheit darin und es erschien ein Lächeln auf jedem Gesicht. In vorderster Reihe der Menge waren Karma und Lobsang, freudestrahlend in ihren Höheren Formen, und ich ließ meinen Schmerz über ihr Leiden, das sie ertragen hatten, los. Ich sah, dass sie ihre karmischen Lektionen gelernt hatten und befreit waren. Allmählich verschwand alles, jede Wahrnehmung des Selbst und der anderen. Es gab nur Mitgefühl, das sich in den Raum ausbreitete – der wunscherfüllende Juwel in meinem Herzen.

Chenrezig, Gott des Mitgefühls

Saint Germain in seiner ätherischen Form

WEITERE BÜCHER VON PETER MT. SHASTA

ICH BIN die offene Tür. 14 Reden der Aufgestiegenen Meister über den Gott im Innern, Ch.falk-Verlag, 2012.

Amerikanischer Titel:

„I AM" the Open Door, Pearl Publishing, 1978.

Abenteuer eines Westlichen Mystikers

Band 1: Suche nach dem Guru, BoD, 2015.

Band 2: Im Dienst der Meister, BoD, 2015.

Amerikanischer Titel:

Search for the Guru. Prequel to *Adventures of a Western Mystic, Apprentice* to the Masters, Church of the Seven Rays, 2013.

Adventures of a Western Mystic: Apprentice to the Masters, Church of the Seven Rays, 2010.

ICH BIN Affirmationen und das Geheimnis ihrer erfolgreichen Anwendung, BoD, 2015.

Amerikanischer Titel:

„I AM" Affirmations and the Secret of Their Effective Use, Church of the Seven Rays, 2012.

Lady Master Pearl. In Erinnerung an meine Lehrerin Pearl Dorris, BoD, 2016.

Amerikanischer Titel:

Lady Master Pearl, My Teacher, Church of the Seven Rays, 2015.

Wenn Sie mit Peter Mt. Shasta Kontakt aufnehmen möchten, besuchen Sie bitte seine Internetseite und seinen Blog unter: www.ich-bin-lehre.com oder www.i-am-teachings.com.